거룩의 재발견

소강석 지음

쿰란출판사

추천사

성경학자는 때로 매우 난해한 어떤 성경 본문의 의미를 찾아내기 위해 필연적으로 복잡한 논의를 거쳐 어떤 결과를 내놓아야 하는 경우가 있습니다. 그러나 그 연구의 결과물을 일반 독자들과 설교자가 쉽게 이해할 수 있도록 잘 설명하는 것은 전혀 별개의 문제입니다. 이것은 마치 주어진 좋은 음식 재료를 가지고 양념을 조화롭게 잘 버무려 사람들의 입맛을 사로잡는 뛰어난 요리를 해내는 능력과 비슷하다 할 수 있습니다. 소강석 목사님은 이런 점에서 창의적인 탁월한 말씀의 요리사와 같은 분입니다.

본 추천자는 선교사로 일하는 중, 2013년 안식년을 맞아 하나님께서 은혜를 주셔서 최근까지 구약의 난제 중의 하나인 레위기의 속죄제 문제에 대한 해결책을 내놓는 박사 논문을 쓸 수 있었습니다. 밀그롬이라는 유대 랍비 학자가 이미 1970년대에 속죄제 짐승의 피는 사람의 죄를 닦아 내는 것이 아니라 죄로 더러워진 성소만을 청소할 뿐이라는 충격적인 주장을 내놓은 뒤, 이 문제는 구약학계에 오래도록 논란이 되어 오고 있었습니다.

그 뒤 여러 학자들의 의견들이 제시되었는데, 필자는 모두가 잘못된 속죄제 해석이라 판단했습니다. 속죄제 짐승의 피가 인간의 죄를 닦아낸다는 것을 믿는 우리 입장에서는 이 주제에 대한 토론은 정답이 뻔하니 쉬운 듯하나, 사실은 이 문제는 대단히 복잡하고 난해합니다. 그런 이유로 저의 박사 논문에 설명된 속죄제와 속죄일 문제를 제대로 이해하기란 쉽지 않습니다.

 목회 현장에서 진작 레위기 강해의 필요성을 간파한 소강석 목사님은 올해 초 제가 잠시 한국을 방문하는 사이 저에게 연락을 주셔서 레위기를 며칠간 가르쳐달라고 요청하셨습니다. 이 책에 앞서 나온 《레위기의 산을 정복하라》 추천서에서도 밝힌 바 있지만, 그 바쁜 목회 일정 속에서도 소강석 목사님의 성경 연구에 대한 열정은 대단했고, 특히 이미 레위기에 대해서도 상당한 지식을 갖고 계셔서 저으기 놀랐습니다. 게다가 고도로 복잡하고 정교한 속죄제 메커니즘과 레위기 전반에 흐르는 깊은 '거룩과 정결' 신학을 이해하기가 쉽지 않은데, 소강석 목사님은 수많은 질문을 쏟아내며 그것을 완전히 소화해내셨습니다.
 그러나 앞서 말한 대로, 어떤 난해한 주제를 대중들이 쉽게 이해하도록 풀어내는 능력은 또 다른 재능입니다. 나아가 그 중요한 의미와 교훈을 오늘날 우리의 교회와 신자들의 삶에 적절히 적용하는 것 또한 마찬가지입니다. 이 책에서 소강석 목사님은 레위기의 속죄제와 속죄일 문제뿐만 아니라, 거룩과 정결, 그리고 부정결의 문제 전반을 일반 독자들도 쉽게 이해할 수 있도록 탁월하게 풀어 내었습니다. 이해가 쉽지 않은 속죄제를 통한 속죄 메커니즘과 그 교훈을 대중화시킨 셈입니다. 나아가 소 목사님은 속죄제의 의미와 교훈을 교회론적으로 심도 있게 적용하고, 거룩과 정결, 그리고 부정결의 문제가 오늘날 우리의 교회와 신자들의 삶에 어떻게 적용될 수 있는지 매우 구체적인 사례들을 들어 독자들의 공감을 이끌어 내고 있습니다.

이 강해집은 해석과 적용 부분에 있어서 일부 몇몇은 저와 생각이 일치하진 않습니다. 그러나 이 책은 레위기 해석에서 보편화된 알레고리한(풍유적) 해석을 철저히 거부하는 가운데, 거의 대부분 정확한 문법적, 역사적, 신학적 주해를 따르고 있으며, 나아가 오늘날 우리의 교회 상황, 그리고 세속화로 치닫고 있는 한국 사회의 상황에 꼭 필요하고 시의적절한 메시지를 전해 주고 있습니다. 레위기의 심오한 깊은 바다에 뛰어들고픈 모든 분들에게 이 책을 강력히 추천해 드립니다.

2014년 10월 10일
김경열
(GMS 선교사, 프레토리아 대학 Ph.D)

서문

저는 이미 《레위기의 산을 정복하라》는 책을 출간한 바 있습니다. 레위기의 정수를 뽑아서 모든 열정을 쏟아 저술한 책입니다. 목회자로서는 구약의 제사에 대해서 나름대로 최선을 다해 연구했습니다. 그래서 당시는 자부심을 가지고 책을 냈습니다. 그런데 그 이후로도 끊임없는 거룩한 목마름과 갈망이 있었습니다. 아니 거룩한 불만이 있었습니다. 레위기의 속죄나 거룩에 대하여 더 깊이 집중해서 연구하고 싶었습니다.

그래서 나름대로 레위기에 권위 있는 주석들도 찾아보며 심도 있게 연구하기 시작하였습니다. 그리고 복음주의권 안에서 최초로 레위기 연구로 박사학위를 받은 김경열 박사님께 개인적으로 가르침을 받기도 했습니다. 이분은 레위기 16장에 나타난 속죄와 거룩을 연구하여 박사학위를 받았습니다. 이런 분의 도움으로 공부를 하였으니 얼마나 큰 은혜였습니까?

저는 목회자이기 때문에 제가 정립한 레위기의 말씀을 평신도들이 이해하기 쉽게 풀이하여 장년여름수련회 때 강의를 해 보았습니다. 그랬더니 교인들이 큰 은혜를 받고 감탄을 하는 것입니다. 그래서 더 정서를 하고 보완을 해서 한국교회 목회자와 성도들을 위한 책을 내기로 했습니다.

저는 이 책을 집필하면서 탈진이 와 버렸습니다. 레위기의 어려운 난제를 이해하는 것도 어렵지만, 이해한 것을 풀어 쓰는 것도 정말 어렵다는 것을 알았습니다. 그처럼 산고의 노력 끝에 거룩의 재발견을 한 것입니다. 거룩은 개인의 정결로 끝나는 것이 아닙니다. 개인의 경건의 삶으로 완성되는 것이 아닙니다.

레위기를 보면 개인의 속죄와 더불어 성소의 정결 작업이 함께 이루어졌습니다. 그래서 속죄제를 드릴 때 오염된 제단을 정결케 하기 위해 짐승의 피를 제사드리는 사람에게 뿌리지 않고 성소에 뿌렸습니다(레 8:15, 16:19). 이스라엘 백성들이 죄를 지을 때 성전도 함께 오염된 것은 바로 이스라엘 백성들은 하나님과 피로 맺은 성전 공동체였기 때문입니다(출 24:1-8). 그래서 개인의 속죄와 더불어 반드시 속죄제를 통하여 오염된 성전까지 정화해야 했습니다.

오늘날의 교회도 예수님의 피로 맺은 언약 공동체입니다. 다시 말하면 성도 개개인이 주님의 지체가 되어 몸 된 교회를 이룬 성전 공동체가 되었습니다(고전 3:16-17, 12:12-14, 12:27; 엡 1:23). 그러므로 오늘날도 우리 개개인의 죄가 교회 공동체를 오염시키고 주님의 몸 된 교회를 부정케 할 수 있다는 사실을 알아야 합니다. 그러므로 구약의 용어로 말하면 제단 정결과 함께, 신약적인 표현으로 이야기를 한다면 교회의 정결과 함께, 개인과 공동체의 거룩이 회복되어야 한다는 것입니다.

저는 레위기를 통하여 거룩이 성도들과 교회의 생명이라는 사실을 깨달았습니다. 무엇보다 우리 모두가 개인의 정결을 넘어 거룩으로 나아가야 하며, 공동체적 속죄와 거룩으로 완전해져야 함을 한국교회 목회자와 평신도들에게 알리고 싶은 간절한 마음이 들었습니다.

이 책을 집필할 수 있도록 학문적으로 가르쳐주고 도와주신 김경열 박사님께 감사드립니다. 그리고 원고 정리를 도와주신 동역자 선광현, 이희성 목사님께도 감사드립니다. 이 책을 집필하는 동안 밤늦도록 연구하고 교정 작업을 하느라 가정을 가까이 하지 않고 서재에서 시간을 보낼 때마다 묵묵히 이해해준 아내 배정숙 사모에게 감사합니다. 평생을 제 곁에서 기도의 중보를 해 주시는 믿음의 어머니 정금성 권사님, 사랑하는 새에덴의 장로님들과 성도들, 책 출판을 위해 수고해 주신 이형규 장로님께도 감사드립니다. 모든 영광 하나님께 올려드립니다.

2014년 10월 10일
소강석 목사
(새에덴교회)

차례

추천사 - 김경열(GMS 선교사, 프레토리아 대학 Ph.D) ······ 2
서문 ·· 5

1 거룩하려면 속죄부터 받아라 ····················· 09
2 대속죄일, 거룩 회복의 날 I ················ 35
3 대속죄일, 거룩 회복의 날 II ················ 69
4 완전한 거룩을 회복하라 ···················· 93
5 정결이 있어야 거룩도 있다 ················ 131
6 거룩한 의협심을 가져라! ···················· 161
7 거룩한 영성에 생명을 걸어라! ············ 195
8 거룩의 능력을 회복하라 ···················· 227

1. 거룩하려면 속죄부터 받아라

"여호와께서 모세에게 말씀하여 이르시되 이스라엘 자손에게 말하여 이르라 누구든지 여호와의 계명 중 하나라도 그릇 범하였으되 만일 기름 부음을 받은 제사장이 범죄하여 백성의 허물이 되었으면 그가 범한 죄로 말미암아 흠 없는 수송아지로 속죄제물을 삼아 여호와께 드릴지니 그 수송아지를 회막 문 여호와 앞으로 끌어다가 그 수송아지의 머리에 안수하고 그것을 여호와 앞에서 잡을 것이요 기름 부음을 받은 제사장은 그 수송아지의 피를 가지고 회막에 들어가서 그 제사장이 손가락에 그 피를 찍어 여호와 앞 곧 성소의 휘장 앞에 일곱 번 뿌릴 것이며 제사장은 또 그 피를 여호와 앞 곧 회막 안 향단 뿔들에 바르고 그 송아지의 피 전부를 회막 문 앞 번제단 밑에 쏟을 것이며 또 그 속죄제물이 된 수송아지의 모든 기름을 떼어낼지니 곧 내장에 덮인 기름과 내장에 붙은 모든 기름과 두 콩팥과 그 위의 기름 곧 허리 쪽에 있는 것과 간에 덮인 꺼풀을 콩팥과 함께 떼어내되 화목제 제물의 소에게서 떼어냄 같이 할 것이요 제사장은 그것을 번제단 위에서 불사를 것이며 그 수송아지의 가죽과 그 모든 고기와 그것의 머리와 정강이와 내장과 똥 곧 그 송아지의 전체를 진영 바깥 재 버리는 곳인 정결한 곳으로 가져다가 불로 나무 위에서 사르되 곧 재 버리는 곳에서 불사를 지니라" (레 4:1-12).

유대인의 시작, 레위기

유대인은 다섯 살 이전부터 성경을 가르칩니다. 아무리 늦어도 다섯 살이 되면 누구나 성경을 가르칩니다. 그런데 이때 가장 먼저 가르치는 성경이 바로 레위기입니다. 왜냐하면 하나님의 언약백성들에게 레위기는 삶의 규범으로 주어진 책이기 때문입니다. 그렇다면 레위기는 어떤 책입니까? 도대체 레위기는 언제, 어느 상황, 어느 곳에서 주어진 책입니까? 성경을 보면, 하나님께서 회막에서 모세를 부르셨고 바로 그 회막문 앞에서 레위기의 말씀을 주셨다고 했습니다.

> 레 1:1 여호와께서 회막에서 모세를 부르시고 그에게 말씀하여 이르시되

이 회막문 앞이란 말은 성막 문을 말하는 것이 아닙니다. 성막은 주로 성막의 울타리까지를 포함합니다. 그러나 회막은 성막 안에 있는 성소를 말합니다. 즉, 울타리 안에 텐트를 쳐 놓은 곳이란 말입니다. 그 앞에 무엇이 있습니까? 바로 제사를 드리는 번제단이 있습니다. 하나님께서는 그곳에서 모세를 부르셨습니다. 바로 거기서 제사의 중요성을 잘 가르쳐 주시기 위해서였습니다. 다시 말하면, 회막문과 번제단 사이에서 하나님께서 모세를 불러 제사법을 가르쳐 주셨으니, 모세가 얼마나 제사법을 잘 이해했겠습니까?

레위기 후반부의 말씀은 하나님께서 모세에게 시내산에서 주신 내용이었습니다. 다시 말하면, 하나님께서는 레위기 전체의 말씀

을 회막문 앞에서 주신 것이 아니고, 후반부의 내용은 시내 산에서 계시해주셨다는 사실입니다.

> 레 26:46 이것은 여호와께서 시내 산에서 자기와 이스라엘 자손 사이에 모세를 통하여 세우신 규례와 법도와 율법이니라

> 레 27:34 이것은 여호와께서 시내 산에서 이스라엘 자손을 위하여 모세에게 명령하신 계명이니라

보다시피 레위기 후반부의 말씀은 하나님께서 모세에게 시내 산에서 주셨다고 기록하고 있지 않습니까? 왜 그럴까요? 그 이유는 레위기 후반부의 말씀은 성전 안에서 제사를 드리는 규례의 말씀이 아니었습니다. 제의적인 말씀이 아니라 대부분 삶의 현장에서 하나님의 백성들이 거룩하게 살아가야 할 규례를 말하고 있습니다. 그러므로 이 레위기의 말씀 중 초반부의 내용이 회막문 앞에서 주어졌든, 또 후반부의 내용이 시내산에서 주어졌든 간에 그것이 그렇게 중요하지 않습니다. 레위기의 모든 말씀이 모두 '시내 산 담화'(discourse) 안에 있는 내용입니다.

시내 산 담화

'시내 산 담화'란 무슨 말입니까? 그것은 이스라엘 백성들이 출애굽을 하여 시내 산 도착에서부터 시내 산 출발에 이르기까지의 이야기를 말합니다. 즉, 시내 산에 거주하고 있을 때의 이야기가 시

내 산 담화입니다. 성경적으로 말하면, 출애굽기 19장 1절부터 민수기 10장 10절까지의 내용을 시내 산 담화라고 합니다. 출애굽을 한 이후 이스라엘 백성들은 시내 산에 도착합니다. 시내 산에 도착하기 전까지의 이야기가 출애굽기 19장 1절부터 시작되고, 마침내 이스라엘 백성들이 시내 산을 떠나는 그 시작이 민수기 10장 11-12절에 기록되어 있습니다.

> 출 19:1 이스라엘 자손이 애굽 땅을 떠난 지 삼 개월이 되던 날 그들이 시내 광야에 이르니라

> 민 10:11-12 둘째 해 둘째 달 스무날에 구름이 증거의 성막에서 떠오르매 이스라엘 자손이 시내 광야에서 출발하여 자기 길을 가더니 바란 광야에 구름이 머무니라

이렇게 시내 산 담화는 출애굽기 19장 1절부터 민수기 10장 10절까지의 내용을 말하는 것입니다. 그리고 이 기간은 약 1년 1개월 동안입니다. 바로, 이 1년 동안에 시내 산 아래에서 있었던 사건과 하나님께서 주신 율법들로 구성된 일련의 스토리를 시내 산 담화라고 합니다. 이 시내 산 담화를 일목요연하게 정리하면 다음과 같습니다.

> 출애굽 2개월 후 시내 산 도착(출 19:1)
> 언약서 수여 - 출 19-23장(십계명과 언약서): 출 24:7
> 언약의 체결 - 출애굽기 24장(피의 언약)

성막의 건설 - 출애굽기 25-40장(하나님의 임재)
레위기 법전 - 레위기 전체(성막 중심의 백성의 삶)
진영의 배치 - 민수기 1:1-10:10(성막이 중심)
시내 산 출발 - 민수기 10:11(성막의 이동)

레위기의 위치는 시내 산 담화 아래 들어있습니다. 더 구체적으로 말하면, 성막 건설과 진영 배치 사이에 레위기 말씀이 위치합니다. 다만 초반부의 말씀은 회막문 앞에서 주어졌고, 후반부의 말씀은 시내 산에서 주어졌습니다. 이것을 모세가 성령의 감동에 따라서 논리적으로 편집했다고 할 수 있습니다.

또한 시내 산은 광의적 장소의 의미로, 회막은 협의적 장소의 의미로 표현한다고 할 수 있습니다. 왜냐하면 회막은 시내 산 아래에 있기 때문입니다. 그러니까 크게 보면 하나님께서 레위기의 말씀을 시내 산에서 주셨다는 말씀이나 회막문 앞에서 주셨다는 말씀이나 큰 차이는 없다고 할 수 있습니다. 다만 제사의 규례나 계명들은 성막을 지은 후에 주셨다는 차이만 있을 뿐입니다.

레위기를 주신 목적

하나님께서는 왜 레위기를 주셨을까요? 레위기는 어떤 책이고, 어떤 목적으로 기록되었을까요? 하나님께서 레위기를 기록한 목적이자 레위기의 주제는 바로, '하나님의 거룩 회복'이었습니다. 하나님의 백성들로 하여금 하나님의 거룩을 회복하는 것이야말로 레위기의 모든 주제입니다. 바로 이 레위기의 주제와 목적에 대하여 성경은 이렇게 말하고 있습니다.

> 레 11:45 나는 너희의 하나님이 되려고 너희를 애굽 땅에서 인도하여 낸 여호와라 내가 거룩하니 너희도 거룩할지어다

> 레 19:2 너는 이스라엘 자손의 온 회중에게 말하여 이르라 너희는 거룩하라 이는 나 여호와 너희 하나님이 거룩함이니라

레위기의 주제와 목적은 하나님의 백성들의 거룩 회복에 있지 않습니까? 하나님이 거룩하시니 하나님의 백성도 거룩해야 한다는 것입니다. 그러면 거룩이란 무엇입니까? 히브리어로 거룩이란 '카도쉬'라고 합니다. 이 말은 '카두'(qadu)에서 유래되었는데, "구별하다, 거룩하게 하다"라는 뜻입니다. '카도쉬'와 비슷한 의미로 사용하고 있는 단어가 하나 더 있습니다. 히브리어로 '헤렘'이라고 하는데, "하나님께 드려지고 헌신하다"라는 의미를 강조하는 말입니다. 그래서 레위기 27장 28절을 보면, 하나님에게 바쳐진 모든 것은 거룩하다고 기록하고 있습니다.

> 레 27:28 어떤 사람이 자기 소유 중에서 오직 여호와께 온전히 바친 모든 것은 사람이든지 가축이든지 기업의 밭이든지 팔지도 못하고 무르지도 못하나니 바친 것은 다 여호와께 지극히 거룩함이며

그러므로 '거룩'이라는 말은 "하나님께 구별되어 드려진 것" 혹은, "하나님께 구별되고 바쳐져서 하나님께 속해진 것"이라고

말할 수 있습니다. 그러기에 하나님께 드려진 것은 하나님 보시기에 흠이 없고, 온전하고, 완전한 상태입니다. 바로, 이것이 거룩이라는 의미입니다. 이것은 정결과도 다릅니다.

정결과 거룩의 차이

제가 과거에 《정결한 영성에 생명을 걸어라》는 책을 집필한 적이 있습니다. 그때는 정결과 거룩을 같이 보았습니다. 지금 생각하면 정말 부끄럽습니다. 그런데 보수적 복음주의 입장에서 우리나라 최초로 해외에서 레위기 박사 학위를 받은 김경열 박사님을 만나 그분에게 배우고 깨우침을 얻었습니다. 뒷부분에서 자세히 설명하겠지만, 정결은 거룩의 전제이며 기본 상태입니다. 또한 정결은 거룩과 부정결 사이의 중립적 상태라고 말할 수 있습니다.[1]

그러므로 아무리 정결한 짐승이 많이 있다 하더라도 그것을 하나님께 드리지 않으면 결코 거룩한 것이 될 수가 없습니다. 성경을 보면, 양이나 소나 비둘기 같은 짐승은 정결한 짐승이라고 합니다. 그런데 아무리 정결한 짐승이 많이 있다 하더라도 하나님께 바쳐지지 않으면, 결코 거룩한 것이 될 수 없습니다.

사람도 마찬가지입니다. 하나님 보시기에 부정하지 않고 아무리

---

1) '정결하다'는 히브리어로 טָהוֹר (타호르)이다. 부정결 상태는 정결케 하는 제의를 통해 정결함을 받아야 한다(레 12:4,5; 13:7,35; 14:2,23,32; 15:13). 하지만 정결하다고 거룩한 것은 아니다. 하나님 앞에 거룩하기 위해서는 하나님께 드려져야 한다. 레위기 27:28 "어떤 사람이 자기 소유 중에서 오직 여호와께 온전히 바친 모든 것은 사람이든지 가축이든지 기업의 밭이든지 팔지도 못하고 무르지도 못하나니 **바친 것은 다 여호와께 지극히 거룩함이며**." 정결과 부정결에 대한 구체적인 논의는 5장을 참조하라.

도덕적으로 정결한 삶을 산다 할지라도, 그것이 하나님께 드려지고 바쳐지고 헌신되지 않으면, 그 삶은 절대로 하나님께 거룩한 삶이 될 수가 없습니다. 그 정결한 삶이 하나님을 위하고, 하나님께 속하며, 하나님께 헌신되어야 비로소 그 정결한 삶이 거룩한 삶으로 승화됩니다. 돈을 깨끗하게 벌고 정결한 방법으로 모았다고 합시다. 그러면 그 돈은 하나님 보시기에 정결하고 깨끗하다고 할 수 있습니다. 그러나 그것이 하나님께 드려지고 바쳐져야 거룩하게 되고 하나님 앞에 성물이 되는 것입니다.

성경을 보면, 하나님께는 결코 정결이라는 말이 사용되지 않았습니다. 성경에는 정결하신 하나님, 또는 부정하지 않으신 하나님, 이런 표현을 사용하지 않습니다. 하나님께는 오직 거룩이라는 말만 쓰게 되어 있습니다. 결코 하나님을 수식할 때 '정결하신 하나님' 이라는 표현은 없습니다. 왜냐하면 거룩만이 하나님의 성품이기 때문입니다.

그러므로 우리는 거룩하신 하나님을 찬양해야지 정결하신 하나님을 찬양한다고 말하지 않아야 합니다. 찬송가를 보면 정결하신 하나님을 찬양한다고 하는 곳이 어디 있습니까? 따라서 거룩이란, 하나님의 영역에서 사용되는 표현이고, 정결이란 인간과 세상 영역에서 사용하고 수식하는 단어라는 사실을 알아야 합니다. 그러므로 우리는 하나님을 수식할 때에 거룩이라는 말을 가장 많이 써야 합니다.

거룩하신 하나님

성경을 봐도 그렇지 않습니까? 하늘 보좌의 모습이 보일 때마다 천사들이 하나님을 찬양할 때 어떤 하나님이라고 부릅니까? 거룩하신 하나님을 찬양하지 않습니까?

"거룩하신 하나님, 거룩하시도다 거룩하시도다 주 하나님이여."

이처럼 천사들도 거룩하신 하나님을 세 번이나 찬양합니다. 이사야 선지자가 하늘 보좌의 모습을 보았을 때도 스랍 천사들이 거룩하신 하나님을 그렇게 찬양하지 않았습니까? 요한계시록을 봐도 네 생물들이 거룩하신 하나님을 그토록 찬양하는 것을 볼 수 있습니다.

> 사 6:3 서로 불러 이르되 거룩하다 거룩하다 거룩하다 만군의 여호와여 그의 영광이 온 땅에 충만하도다 하더라

> 계 4:8 네 생물은 각각 여섯 날개를 가졌고 그 안과 주위에는 눈들이 가득하더라 그들이 밤낮 쉬지 않고 이르기를 거룩하다 거룩하다 거룩하다 주 하나님 곧 전능하신 이여 전에도 계셨고 이제도 계시고 장차 오실 이시라 하고

그러므로 우리도 하나님을 찬양할 때에 거룩하신 하나님을 많이 찬양해야 합니다. 기도할 때에도 거룩하신 하나님이란 호칭을 사용하는 것이 좋습니다. 왜냐하면 우리 하나님의 성품이 바로, 거룩이기 때문입니다. 그러므로 우리가 거룩하신 하나님을 찬양하는

것이 아닙니까?

> ♪ 거룩 거룩 거룩 전능하신 주님 이른 아침 우리 주를 찬송합니다
> 거룩 거룩 거룩 자비하신 주님 성삼위일체 우리 주로다
>
> 거룩 거룩 거룩 주의 보좌 앞에 모든 성도 면류관을 벗어드리네
> 천군천사 모두 주께 굴복하니 영원히 위에 계신 주로다
>
> 거룩 거룩 거룩 전능하신 주님 천지만물 모두 주를 찬송합니다
> 거룩 거룩 거룩 전능하신 주님 성삼위일체 우리 주로다

이처럼 거룩은 하나님만의 성품이며 속성입니다. 하나님만이 완전하게 거룩하신 분이십니다. 그러므로 오직 하나님으로부터만 거룩이 방출되고 발산이 됩니다. 오직 하나님만이 거룩의 발원지요 진원지라고 표현할 수 있습니다.

동물, 인간, 공간, 시간, 천국의 거룩 등급

구약학자 밀그롬(Jacob Milgrom)에 의하면 그 거룩하신 하나님 앞에서는 거룩의 차도에 따라 등급이 나누어지기도 합니다. 밀그롬 박사는 거룩의 등급을 다음과 같이 구분하였습니다.[2]

---

2) 김경열.

(1) 동물도 거룩의 등급이 있었습니다.

(2) 인간도 거룩의 등급이 나누어졌습니다.

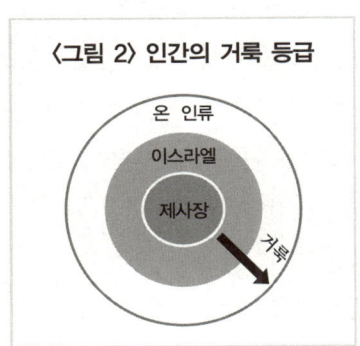

성경을 보면, 오늘날 우리도 왕 같은 제사장이라고 하였습니다. 그러므로 우리도 지극히 거룩한 왕 같은 제사장적 삶을 살아야 합니다.

벧전 2:9 그러나 너희는 택하신 족속이요 왕 같은 제사장들이요 거룩한 나라요 그의 소유가 된 백성이니 이는 너희를 어두운 데서 불러 내어 그의 기이한 빛에 들어가게 하신 이의 아름다운 덕을 선포하게 하려 하심이라

우리가 전에는 어두운 곳에서 살았던 사람들이었지만, 하나님께서 우리를 빛 가운데로 불러 내셨다고 하지 않습니까? 그래서 우리는 지금 어둠 속에서 살지 않고 기이한 빛 가운데로 들어와서 왕 같은 거룩한 제사장이 되었다는 말입니다.

이런 사람은 아름다운 덕을 선포해야 합니다. 바로 그것이 제사장같이 거룩한 삶을 산다는 것입니다. 다시 말하자면, 우리는 빛 가운데서 어둠을 향하여 거룩을 방사하고 방출하며 살아야 합니다. 곧 예수 그리스도의 복음을 전하는 삶을 사는 것입니다. 이것이 바로 거룩한 삶을 산다는 의미입니다. 그러므로 우리는 항상 왕 같은 제사장의 삶을 살아야 합니다. 하나님 보시기에 지극히 거룩한 삶을 살아야 합니다. 그러기 위해서 거룩을 사모해야 됩니다. 우리는 하나님의 거룩을 회복해가야 합니다.

♪ 거룩하기 원합니다 진심으로 진심으로
거룩하기 원합니다 진심으로
진심으로 진심으로 거룩하기 원합니다 진심으로

예수 닮기 원합니다 진심으로 진심으로
예수 닮기 원합니다 진심으로
진심으로 진심으로 예수 닮기 원합니다 진심으로

(3) 공간의 등급이 있습니다.

하나님 보시기에 공간도 거룩의 등급이 있지 않습니까? 그래서 구약 백성들 가운데 심한 피부병 환자나 나병환자는 부정한 사람들이기 때문에 진영 안에서 살 수가 없습니다. 그들이 왜 부정한 사람인가는 다시 말씀드리겠습니다만, 그러므로 그들은 진 밖으로 쫓겨나야 했습니다. 그런데 그들이 병으로부터 고침을 받아 진 안으로 들어올 때는 반드시 정결예식을 받고, 또 속죄제를 드려야 했습니다.

> 레 13:45-46 나병 환자는 옷을 찢고 머리를 풀며 윗입술을 가리고 외치기를 부정하다 부정하다 할 것이요 병 있는 날 동안은 늘 부정할 것이라 그가 부정한즉 혼자 살되 진영 밖에서 살지니라
>
> 레 14:1-2상 여호와께서 모세에게 말씀하여 이르시되 나병 환자가 정결하게 되는 날의 규례는 이러하니……

> 레 14:20 제사장은 그 번제와 소제를 제단에 드려 그를 위하여 속죄할 것이라 그리하면 그가 정결하리라

뿐만 아니라, 수많은 군사들이 전쟁터에 나갔다 돌아올 때도 속죄제를 드려야 했습니다. 주로 전쟁은 진 바깥에서 하지 않습니까? 군사들은 전쟁터에 나가서 수많은 사람들을 죽이기도 하고, 시체를 보거나 만졌습니다. 그러니 그들도 다 부정한 사람이 되었습니다. 그러므로 그들이 진영 안으로 들어올 때에는 반드시 정결예식을 거치고 속죄제를 드리고 들어와야 합니다.

그런데 수많은 사람들이 일일이 다 속죄제를 드릴 수 없지 않습니까? 그래서 하나님이 특별한 양보안을 만들어 놓으셨습니다. 미리 황소로 드린 속죄제 제물로 잿물을 만듭니다. 다시 말하면, 황소의 속죄제를 태운 잿가루를 정결한 물에 타서 잿물을 만듭니다. 그 잿물을 부정한 군사들에게 다 뿌립니다. 그렇게 부정한 사람들을 정결하게 만들어서 진영 안에 들어오게 만들었습니다.

> 민 19:11-13 사람의 시체를 만진 자는 이레 동안 부정하리니 그는 셋째 날과 일곱째 날에 잿물로 자신을 정결하게 할 것이라 그리하면 정하려니와 셋째 날과 일곱째 날에 자신을 정결하게 하지 아니하면 그냥 부정하니 누구든지 죽은 사람의 시체를 만지고 자신을 정결하게 하지 아니하는 자는 여호와의 성막을 더럽힘이라 그가 이스라엘에서 끊어질 것은 정결하게 하는 물을 그에게 뿌리지 아니하므로 깨끗하게 되지 못하고 그 부정함이 그대로 있음이니라

민 19:16-18 누구든지 들에서 칼에 죽은 자나 시체나 사람의 뼈나 무덤을 만졌으면 이레 동안 부정하리니 그 부정한 자를 위하여 죄를 깨끗하게 하려고 불사른 재를 가져다가 흐르는 물과 함께 그릇에 담고 정결한 자가 우슬초를 가져다가 그 물을 찍어 장막과 그 모든 기구와 거기 있는 사람들에게 뿌리고 또 뼈나 죽임을 당한 자나 시체나 무덤을 만진 자에게 뿌리되

 그러면 왜 이런 일들을 합니까? 바로 이스라엘의 진영도 거룩한 곳이기 때문입니다. 그래서 진영에 들어올 때 아무리 약식의식이라 하더라도 정결을 위한 속죄제를 드리고 옵니다. 그러나 아무리 정결함을 입었다 하더라도 그 자체가 거룩은 아닙니다. 그러므로 하나님의 거룩을 회복하고 거룩한 사람이 되기 위해서는 가장 거룩한 곳인 성소에 가서 하나님께 제사를 드리고 헌신을 해야 합니다. 그럴 때 속죄함을 입고 거룩한 사람으로 회복하게 됩니다. 이처럼 공간에도 거룩의 등급이 있습니다.

 (4) 시간도 거룩한 등급으로 나누어집니다.

시간도 거룩의 등급으로 나누지 않습니까? 가장 거룩한 날이 대속죄일입니다. 대속죄일에 가장 거룩한 대제사장이 1년에 딱 한번 가장 거룩한 지성소에 들어갑니다. 가장 거룩한 대제사장이 이날은 세마포 옷을 입고 가장 거룩한 지성소로 가서 이스라엘 백성들의 죄를 속죄합니다. 그리고 제단을 정결케 하고 성화시킵니다. 그러므로 이날은 이스라엘 백성들에게 가장 거룩한 날입니다. 왜냐하면 이스라엘 백성들이 전 민족적이고 국가적으로 거룩을 회복하게 되는 날이기 때문입니다. 그다음에 거룩한 날이 안식일이나 절기이고, 그 다음이 평일입니다.

(5) 천국에서도 거룩의 등급이 구분됩니다.

어떤 사람은 "아니, 어디 천국에서도 거룩의 등급이 구분되느냐"고 물어볼지도 모릅니다. 그런데 바로 성경에 그렇게 나와 있습니다. 하늘 보좌 앞에서도 분명히 거룩의 등급이 구별되는 것을 볼 수 있습니다.

먼저 이사야 6장을 보면, 그렇게 거룩이 나누어져 있지 않습니까? 이사야 6장에 소개되는 거룩의 등급을 도식화하면 다음과 같습니다.

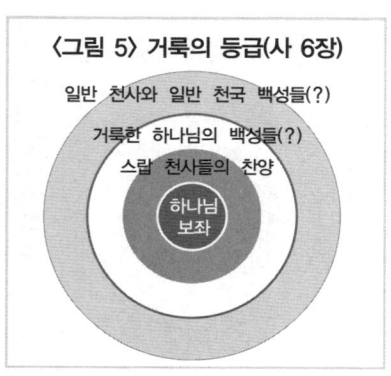

이것은 계시록 4장에서도 마찬가지입니다. 계시록 4장에서도 거룩의 등급이 서술되어 있는 것을 볼 수 있습니다.

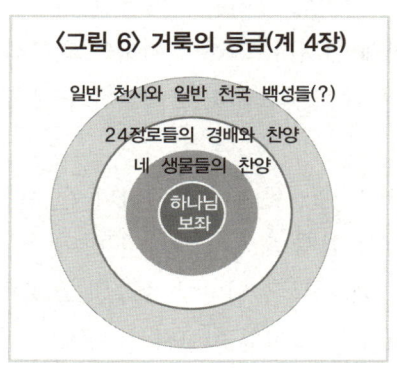

이렇게 거룩은 철저하게 구별이 되고 경계로 구분되어 있습니다. 그러므로 거룩은 거룩하신 하나님께 더 가까이, 깊이 나아가는 것입니다. 그리고 하나님의 속성과 성품을 더 닮아가며 하나님의 것으로 바쳐지고 헌신하며 하나님께 온전히 속해 있는 것입니다. 그러므로 우리는 하나님께 더 가까이 나아가야 합니다. 거룩하신 하나님께 더 깊이 나아가야 합니다. 아니, 우리 자신이 더 하나님께 드려지는 삶을 살아야 합니다. 우리의 몸과 마음이 온전히 하나님께 드려질 뿐만 아니라, 하나님께 속해져야 합니다. 그래서 하나님을 더 닮아가고 하나님의 거룩한 성품을 회복하는 삶을 살아야 합니다.

거룩을 회복하는 방법

우리는 어떻게 이런 거룩을 회복할 수 있겠습니까? 우리가 거룩을 회복하기 위해서는 반드시 하나님 앞에 속죄부터 받아야 합니다. 왜냐하면 그 지긋지긋한 죄가 우리로 하여금 하나님께 나아가지 못하게 하고 거룩을 방해하기 때문입니다. 우리의 죄가 거룩을 회복하지 못하게 합니다. 그래서 거룩을 회복하기 위해서는 우리가 속죄부터 받아야 합니다. 바로 레위기가 이 사실을 말하고 있습니다.

아담과 하와가 에덴동산에서 얼마나 순수하고 거룩했습니까? 그들은 하나님의 임재 속에서 언제나 하나님을 만나고 교제하며 살았습니다. 그때 그들은 얼마나 순수하고 거룩했는지 모릅니다. 그런데 그들이 죄를 범하고 말았습니다. 죄가 그들의 삶속에 틈타고 말았습니다. 그 죄 때문에 그들은 하나님과 철저히 분리되었고 하나님과의 관계가 완전히 파괴되고 말았습니다.

그때부터 거룩을 회복하기 위해서는 오로지 짐승의 피로 속죄를 받고 하나님께 나아가야 했습니다. 그 길이 바로 제사입니다. 그리고 모든 제사 중에서 하나님께 속죄를 받고 다시 거룩을 회복하게 하는 제사가 속죄제였습니다. 물론, 번제도 속죄의 기능이 있는 것은 사실입니다. 그러나 번제는 헌신의 기능이 더 강하고 속죄의 기능은 부차적인 역할이었습니다. 그래서 하나님은 바로 이 속죄제를 통해서 우리가 하나님께 나아가 속죄함을 입고 거룩을 회복하게 하셨습니다.

속죄제의 두 종류

그런 의미에서 하나님께서 우리 인간에게 주신 최고의 선물이

제사입니다. 그 제사 중의 제사가 바로 속죄제입니다. 속죄제도 두 종류로 나누어집니다.[3]

(1) 일반 속죄제입니다.

이것은 레위기 4장에 소개되는 제사입니다. 이 속죄제를 통해서 진정한 속죄가 이뤄지고 거룩함이 회복되었습니다.

(2) 특수 속죄제입니다.

이 특수 속죄제는 대속죄일에 드리는 속죄제를 말합니다. 레위기 16장을 보면 대속죄일이 소개되고 있는데, 바로 이 대속죄일에 드리는 속죄제의 제사를 특수 속죄제라고 표현합니다.

그러면 레위기 4장에서 드렸던 일반 속죄제와 레위기 16장에서 드리는 특수 속죄제에는 어떤 차이가 있습니까? 레위기 4장에서 드렸던 일반 속죄제는 고의적인 죄가 아닌, 부지중에 지은 죄를 위해서 드리는 제사입니다. 부지중에 죄를 지었든지, 연약하여 죄를 지었든지, 비고의적인 죄를 용서받기 위해서 드린 제사였습니다.

그러나 고의적인 죄라든지 아주 지독하고 심각한 악행죄 같은 경우는 일반 속죄제로 용서받을 수 없었습니다. 또한 일반 속죄제로 얼마든지 속죄를 얻을 수 있는 사람이었는데도 속죄제를 드리지 않는 경우도 있었습니다. 이런 경우는, 반드시 하나님의 심판을 받고 죽어야 했습니다. 그러나 하나님은 너무나 자비로우시게도

---

3) 이 구분은 김경열 박사가 최초로 구분한 용어다. 그는 일반 속죄제를 ordinary hattat ritual 이라 하고 특수 속죄제를 special hattat ritual이라고 언급한다. Gyung Yul Kim, "The hattat ritual and the Day of Atonement in the Book of Leviticus," (Ph.D. diss, University of Pretoria, 2013), 1-2.

당장 심판하지 않으시고 유예를 해 놓으셨습니다.

그래서 대속죄일에 드리는 특별 속죄제를 통해서 그런 모든 악행죄들이 용서받게 하신 것입니다. 하나님이 즉결 처분해야 할 죄인들도 대속죄일까지 심판을 유예하셨습니다. 그리고 그 유보된 죄를 대속죄일에 드리는 특별 속죄제를 통해서 다 용서를 받고 정결하게 되고 거룩한 사람으로 회복하게 하셨습니다. 그러므로 대속죄일에는 개인의 죄뿐만 아니라 전 민족과 국가가 특수 속죄제를 통해서 다 속죄를 받고 용서를 받게 되었습니다. 그래서 이날 특수 속죄제를 통해서 모든 백성들이 정결함을 입을 뿐만 아니라, 정결을 넘어 완전히 거룩한 사람으로 회복될 수 있었습니다.

이렇게 볼 때 속죄제가 얼마나 큰 축복인지 모릅니다. 왜냐하면 속죄제를 통하여 우리의 죄를 속죄해주기 때문입니다. 속죄제만이 우리로 하여금 정결한 사람이 되게 하고 정결을 넘어 거룩한 사람으로 회복시켜주기 때문입니다.

그러므로 오늘 우리는 더 감사해야 합니다. 구약 백성들은 짐승의 피로 속죄함을 받고 거룩함을 얻었지만, 우리는 영원한 예수 그리스도의 피로 속죄를 받고 거룩을 회복할 수 있게 되었으니 얼마나 감사합니까? 예수 그리스도의 보혈은 일반 속죄제와 특수 속죄제를 성취하였기 때문입니다. 주님의 보혈이 우리의 모든 죄를 다 용서해 준 것입니다.

영원한 속죄제물, 예수 그리스도

사실 구약의 속죄제는 우리 죄를 영원히 속죄하지는 못했습니다. 구약의 속죄제는 그것이 일반 속죄제든, 특수 속죄제든 간에 임시적인 방편이라고 성경은 말하고 있습니다. 그래서 예수 그리스도께서 우리의 영원한 속죄 제물로 오셔서 우리를 위해 죽으셨습니다. 바로, 그 예수 그리스도의 죽음으로 우리의 죄가 단번에, 그리고 영원하고 완전하게 속죄가 되었습니다.

히 9:12-14 염소와 송아지의 피로 아니하고 오직 자기의 피로 영원한 속죄를 이루사 단번에 성소에 들어가셨느니라 염소와 황소의 피와 및 암송아지의 재로 부정한 자에게 뿌려 그 육체를 정결하게 하여 거룩하게 하거든 하물며 영원하신 성령으로 말미암아 흠 없는 자기를 하나님께 드린 그리스도의 피가 어찌 너희 양심을 죽은 행실에서 깨끗하게 하고 살아 계신 하나님을 섬기게 하지 못하겠느냐

히 9:25-26 대제사장이 해마다 다른 것의 피로써 성소에 들어가는 것 같이 자주 자기를 드리려고 아니하실지니 그리하면 그가 세상을 창조한 때부터 자주 고난을 받았어야 할 것이로되 이제 자기를 단번에 제물로 드려 죄를 없이 하시려고 세상 끝에 나타나셨느니라

히 10:8-14 위에 말씀하시기를 주께서는 제사와 예물과 번제와 속죄제는 원하지도 아니하고 기뻐하지도 아니하신다고 하셨고(이는 다 율법을 따라 드리는 것이라)……이 뜻을 따라 예수 그리스도의 몸을 단

번에 드리심으로 말미암아 우리가 거룩함을 얻었노라 제사장마다 매일 서서 섬기며 자주 같은 제사를 드리되 이 제사는 언제나 죄를 없게 하지 못하거니와 오직 그리스도는 죄를 위하여 한 영원한 제사를 드리시고 하나님 우편에 앉으사 그 후에 자기 원수들을 자기 발등상이 되게 하실 때까지 기다리시나니 그가 거룩하게 된 자들을 한 번의 제사로 영원히 온전하게 하셨느니라

예수 그리스도가 하나님 앞에 우리의 영원한 속죄제물이 되었다고 하지 않습니까? 예수 그리스도께서 단번에 우리의 죄를 속죄하셨을 뿐만 아니라, 우리의 삶 속에서 매일매일 나약하고 부족해서 지은 죄를 그때마다 처리하고 하나님께 새롭게 나아갈 수 있는 길을 열어주셨습니다. 그것도 모든 죄를 말입니다. 얼마나 감사합니까? 얼마나 우리가 감격하고 찬양해야 할 내용입니까? 이 세상의 어느 누구도 이루어 줄 수 없는 일을 주님께서 이루어 주셨습니다.

과연 누가 이 일을 이루었다고 말하고 있습니까? 석가모니가 이루어 주었나요? 공자가 이루어 주었나요? 마호메트가 이 속죄의 길을 이뤘나요? 아닙니다. 이 세상에 오직 예수 그리스도만이 우리의 죄를 속죄하고 거룩하게 하는 길을 열어 놓으셨습니다. 그러므로 우리는 영원한 속죄제의 제물로 오신 예수 그리스도를 찬양해야 합니다. 예수님은 모든 제사의 모형과 예표가 되셨지만, 그 중에서도 속죄제 제물의 가장 큰 모형과 예표가 되어주셨습니다. 그 속죄제의 제물이 되셔서 우리를 위하여 영원한 속죄제를 완성해 주셨습니다. 그리고 예수님은 마침내 우리에게 속죄라고 하는 영원한 선물을 안겨 주셨습니다.

바로 그 속죄를 통해서 우리가 하나님께 나아가고, 하나님께 바쳐지고, 하나님께 헌신되는 거룩을 회복하게 해주셨습니다. 다시 말하면, 우리를 거룩한 백성으로 삼으시고, 하나님의 복음의 제단에 우리의 삶을 드리는 거룩한 제사장으로 살 수 있는 길을 열어주셨단 말입니다. 그러니 얼마나 감사합니까? 얼마나 우리가 감격하며 감사하고 찬양을 해야 하겠습니까?

오늘 우리는 주님의 속죄의 은총을 하나님께 찬양해야 합니다. 그리고 그 은혜를 힘입고 거룩함을 회복해야 합니다. 우리의 삶을 하나님께 드리고 온전히 하나님께 속한 사람으로 살아야 합니다. 온전히 하나님 앞에 구별되는 삶을 살 뿐만 아니라, 하나님께 드려지고 바쳐지고 헌신된 삶을 살아야 합니다. 바로 이러한 삶이 하나님 보시기에 흠과 주름과 티가 없는 삶이요, 온전한 삶이요, 완전한 삶입니다. 그리고 진정으로 거룩한 삶입니다.

거룩 회복의 장치

우리가 이러한 삶을 살기 위해서는 우리도 속죄 중심의 기도와 예배를 잘 드려야 합니다. 하나님께서는 거룩 회복 장치를 속죄제사에 두셨습니다. 레위기를 크게 나누면, 레위기 1-17장까지는 속죄 중심의 예배법을 소개하고 있습니다. 다시 말하면 예배를 통해 우리가 거룩을 회복하게 되고, 또 거룩을 충전하며, 충만히 인풋(input)하도록 제의적 거룩장치를 계시해 놓으셨습니다.

반면, 레위기 18-20장까지는 제의적 거룩을 통해서 회복되고 충전한 거룩의 능력을 삶의 현장에서 방사하고 방출하는 삶을 살도록 강조하셨습니다. 따라서 레위기에 소개되고 계시된 하나님의 거룩의 시스템은 바로 이런 것입니다.

우리는 예배를 통해 거룩을 충전받고 삶의 현장에서 거룩을 방사합니다. 그러나 사람인지라 실패하고 또 넘어지기도 합니다. 그러면 다시 예배를 드립니다. 교회에 와서 주일 예배를 잘 드리고, 예배를 통해 받은 은혜와 거룩을 삶의 현장에서 방사하다가, 또다시 예배를 통해 거룩을 충전받고 삶 속으로 나아갑니다. 이것을 도표로 그리면 다음과 같습니다.

그러므로 예배가 얼마나 중요한지 모릅니다. 구약 백성들뿐만 아니라 오늘 우리도 예배를 통해서 거룩이 회복되고, 충전되고, 유지되기 때문입니다. 예배를 통해서 충전 받은 거룩의 은혜를 삶의 현장으로 나가서 방출하고 방사하기 때문입니다. 그러다 또 실패하면 하나님께 돌아와서 예배에 성공을 합니다. 그리고 다시 충전받고 회복되어서 삶의 현장으로 나갑니다.

바로, 우리의 신앙생활은 이 사이클이 계속 연속되고 반복되어야 합니다. 그럴 때 우리는 좀 더 하나님의 거룩을 회복하게 되고 좀 더 능력 있고 농도가 깊은 거룩한 삶을 살아가게 됩니다. 그러므로 구약시대에만 제사가 중요한 것이 아닙니다. 오늘 우리에게도 예배가 얼마나 중요한지 모릅니다. 특별히 오늘날 우리의 예배에는 보혈의 능력이 강력하게 역사해야 되고 뿐만 아니라 성령의 능력과 임재가 강력하게 임해야 합니다. 이렇게 살다보면 거룩을 연습하게 되고 거룩을 훈련받으며 마침내 거룩한 사람으로 회복되게 됩니다. 그리고 거룩한 삶이 연속되게 됩니다.

우리가 주일 예배에 성공하고 또 세상으로 나갑니다. 그러다 다시 주일에 와서 또 거룩의 능력을 힘입습니다. 아니, 믿음이 좋은 사람은 어디 주일 낮 예배만 나오겠습니까? 저녁예배, 새벽예배, 수요예배, 금요철야예배도 나옵니다. 이런 사람이 더 거룩한 사람으로 살아갑니다.

이처럼 거룩이란 것이 다른 게 아닙니다. 자기 혼자 경건한 척 점잔 빼고 사는 것이 거룩이 아닙니다. 거룩은 하나님께 나아가는 것입니다. 하나님께 헌신하고 하나님께 드려지는 것입니다. 그렇게 해서 하나님께 온전히 속해지는 것입니다. 또한 하나님 보시기에 흠과 티와 주름이 없는 온전하고 완전한 삶을 살아가는 것입니다.

그렇다면 과연 거룩이 어떻게 회복되었는가, 대속죄일에 어떻게 특별 속죄제를 드렸고 어떻게 하나님의 백성이 정결함을 입으며 거룩의 능력을 회복하게 되는가, 그리고 그 거룩의 능력을 회복할 때 어떤 은혜와 축복이 임하게 되는가, 다음 장에서 그 신비롭고 놀라운 이야기가 계속됩니다.

2. 대속죄일, 거룩 회복의 날 I

"아론의 두 아들이 여호와 앞에 나아가다가 죽은 후에 여호와께서 모세에게 말씀하시니라 여호와께서 모세에게 이르시되 네 형 아론에게 이르라 성소의 휘장 안 법궤 위 속죄소 앞에 아무 때나 들어오지 말라 그리하여 죽지 않도록 하라 이는 내가 구름 가운데에서 속죄소 위에 나타남이니라 아론이 성소에 들어오려면 수송아지를 속죄제물로 삼고 숫양을 번제물로 삼고 거룩한 세마포 속옷을 입으며 세마포 속바지를 몸에 입고 세마포 띠를 띠며 세마포 관을 쓸지니 이것들은 거룩한 옷이라 물로 그의 몸을 씻고 입을 것이며 이스라엘 자손의 회중에게서 속죄제물로 삼기 위하여 숫염소 두 마리와 번제물로 삼기 위하여 숫양 한 마리를 가져갈지니라"(레 16:1-5).

우리 하나님은 거룩하신 하나님이십니다. 어떠한 흠도 없으시고 완전하신 분입니다. 그러므로 하나님께서 거룩하신 분이기 때문에 당신의 백성도 거룩해야 한다고 말씀하셨습니다.

레 11:45 나는 너희의 하나님이 되려고 너희를 애굽 땅에서 인도하여 낸 여호와라 내가 거룩하니 너희도 거룩할지어다

그 거룩하신 하나님께서 우리에게 거룩을 회복할 수 있는 최고의 선물을 주셨습니다. 그것이 바로 속죄제입니다. 왜냐하면 거룩을 회복하기 위해서는 우리가 먼저 속죄부터 받아야 하기 때문입니다. 속죄를 받지 않으면 어떠한 경우도 거룩하게 될 수 없습니다. 속죄를 받아야 정결하게 되고, 그 정결을 통하여 거룩한 사람이 될 수 있기 때문입니다.

우리는 하나님 앞에 속죄받은 것을 감사해야 합니다. 구약백성들은 짐승의 피로 임시적인 속죄를 받았지만 우리는 예수 그리스도의 영원하고 완전한 피로 영원한 속죄를 받았습니다. 또 완전한 속죄를 받았습니다. 그러니까 우리는 그 속죄의 은총을 찬양하고 하나님께 감사해야 합니다. 속죄에 대한 감격이 클수록 거룩한 사람으로 살아갈 수 있습니다. 속죄에 대한 감격이 커야 세상과 구별되고, 죄와 구별되고, 언제나 거룩한 사람으로 살아가기 때문입니다.

속죄제에는 두 가지가 있습니다.

※ 일반 속죄제 : 비고의적인 죄와 부정결을 속죄하는 제사

(1) 죄를 위한 속죄제(레 4-5장, 16장)

이때 속죄받을 죄는 비고의적인 죄가 되어야 합니다. 다시 말하면, 부지중에 지은 죄를 말합니다. 고의적으로 지은 죄나 반역죄 등, 고의적 악행은 일반 속죄제로 용서받을 수가 없습니다. 일반 속죄제를 드리는 방법과 절차는 레위기 4장과 5장에 잘 소개되어 있습니다.

(2) 부정결을 위한 속죄제(레 11-15장)

이스라엘 백성들이 꼭 무슨 죄를 지어야만 부정결해진 것이 아니라 어떤 죄를 짓지 않더라도 부정결을 입게 될 때가 있습니다. 부정결도 두 가지였습니다. 먼저 경미한 부정결인데 경미한 부정결은 그냥 가만히 있어도 시간이 지나면 정결하게 됩니다.

> 레 11:31-32 모든 기는 것 중 이것들은 네게 부정하니 그 주검을 만지는 모든 자는 저녁까지 부정할 것이며 이런 것 중 어떤 것의 주검이 나무 그릇에든지 의복에든지 가죽에든지 자루에든지 무엇에 쓰는 그릇에든지 떨어지면 부정하여지리니 물에 담그라 저녁까지 부정하다가 정할 것이며

그러나 심각한 부정결이 있습니다. 이 부정결은 정결의식을 행해야 했고, 속죄제를 드려야 했습니다. 예컨대 산모가 아기를 낳으면 반드시 속죄제를 드려야 했습니다. 왜냐하면 산모는 피를 많이 흘려서 심각한 부정결을 입었기 때문입니다. 피를 많이 흘렸다는 것은 하나님 앞에 부정한 상태가 되었다는 것입니다.

레 12:1-7 여호와께서 모세에게 말씀하여 이르시되 이스라엘 자손에게 말하여 이르라 여인이 임신하여 남자를 낳으면 그는 이레 동안 부정하리니 곧 월경할 때와 같이 부정할 것이며……그 여인은 아직도 삼십삼 일을 지내야 산혈이 깨끗하리니 정결하게 되는 기한이 차기 전에는 성물을 만지지도 말며 성소에 들어가지도 말 것이며 여자를 낳으면 그는 두 이레 동안 부정하리니 월경할 때와 같을 것이며 산혈이 깨끗하게 됨은 육십육 일을 지내야 하리라 아들이나 딸이나 정결하게 되는 기한이 차면 그 여인은 번제를 위하여 일 년 된 어린 양을 가져가고 속죄제를 위하여 집비둘기 새끼나 산비둘기를 회막 문 제사장에게로 가져갈 것이요 제사장은 그것을 여호와 앞에 드려서 그 여인을 위하여 속죄할지니 그리하면 산혈이 깨끗하리라 이는 아들이나 딸을 생산한 여인에게 대한 규례니라

또 나병이나 유출병 등에 의해서 부정하게 된 자가 치유된 후에라도 정결함을 입기 위해서는 반드시 속죄제를 드려야 했습니다. 그렇게 해야 거룩함을 입고 거룩한 공동체에 참여할 수 있었기 때문입니다.

레 14:17-20 손에 남은 기름은 제사장이 정결함을 받을 자의 오른쪽 귓부리와 오른쪽 엄지 손가락과 오른쪽 엄지 발가락 곧 속건제물의 피 위에 바를 것이며 아직도 그 손에 남은 기름은 제사장이 그 정결함을 받는 자의 머리에 바르고 제사장은 여호와 앞에서 그를 위하여 속죄하고 또 제사장은 속죄제를 드려 그 부정함으로 말미암아 정결함을 받을 자를 위하여 속죄하고 그 후에 번제물을 잡을 것이요 제사장은 그 번

제와 소제를 제단에 드려 그를 위하여 속죄할 것이라 그리하면 그가 정결하리라

레 15:13-15 유출병이 있는 자는 그의 유출이 깨끗해지거든 그가 정결하게 되기 위하여 이레를 센 후에 옷을 빨고 흐르는 물에 그의 몸을 씻을 것이라 그러면 그가 정하리니 여덟째 날에 산비둘기 두 마리나 집비둘기 새끼 두 마리를 자기를 위하여 가져다가 회막 문 여호와 앞으로 가서 제사장에게 줄 것이요 제사장은 그 한 마리는 속죄제로, 다른 한 마리는 번제로 드려 그의 유출병으로 말미암아 여호와 앞에서 속죄할지니라

레 15:25-30 만일 여인의 피의 유출이 그의 불결기가 아닌데도 여러 날이 간다든지 그 유출이 그의 불결기를 지나도 계속되면 그 부정을 유출하는 모든 날 동안은 그 불결한 때와 같이 부정한즉 그의 유출이 있는 모든 날 동안에 그가 눕는 침상은 그에게 불결한 때의 침상과 같고 그가 앉는 모든 자리도 부정함이 불결한 때의 부정과 같으니 그것들을 만지는 자는 다 부정한즉 그의 옷을 빨고 물로 몸을 씻을 것이며 저녁까지 부정할 것이요 그의 유출이 그치면 이레를 센 후에야 정하리니 그는 여덟째 날에 산비둘기 두 마리나 집비둘기 새끼 두 마리를 자기를 위하여 가져다가 회막 문 앞 제사장에게로 가져갈 것이요 제사장은 그 한 마리는 속죄제로, 다른 한 마리는 번제로 드려 유출로 부정한 여인을 위하여 여호와 앞에서 속죄할지니라

일반 속죄제를 통한 죄 처리 과정

그러면 구약에서 일반 속죄제를 통해 어떻게 구체적으로 죄가 처리되었을까요?

※ 죄가 처리되는 과정[4]

(1) 안수를 통하여 죄를 짐승에게 전가시킵니다.
이것은 대제사장이나 회중이나 족장이나 평민이 죄를 지을 때도 다 똑같았습니다.

> 레 4:3-4 만일 기름 부음을 받은 제사장이 범죄하여 백성의 허물이 되었으면 그가 범한 죄로 말미암아 흠 없는 수송아지로 속죄제물을 삼아 여호와께 드릴지니 그 수송아지를 회막 문 여호와 앞으로 끌어다가 그 수송아지의 머리에 안수하고 그것을 여호와 앞에서 잡을 것이요

> 레 4:13-15 만일 이스라엘 온 회중이 여호와의 계명 중 하나라도 부지중에 범하여 허물이 있으나 스스로 깨닫지 못하다가 그 범한 죄를 깨달으면 회중은 수송아지를 속죄제로 드릴지니 그것을 회막 앞으로 끌어다가 회중의 장로들이 여호와 앞에서 그 수송아지 머리에 안수하고 그것을 여호와 앞에서 잡을 것이요

---

[4] 속죄제를 드리는 절차에 대해서는 레위기 4장과 17장에서 상세히 소개하고 있다. 레위기 4장에서는 일반 속죄제(ordinary *hattat* ritual)를, 레위기 17장에서는 특수 속죄제(special *hattat* ritual)의 절차를 소개한다. 특수 속죄제는 대속죄일에 행해진다.

레 4:22-24 만일 족장이 그의 하나님 여호와의 계명 중 하나라도 부지 중에 범하여 허물이 있었는데 그가 범한 죄를 누가 그에게 깨우쳐 주면 그는 흠 없는 숫염소를 예물로 가져다가 그 숫염소의 머리에 안수하고 여호와 앞 번제물을 잡는 곳에서 잡을지니 이는 속죄제라

레 4:27-29 만일 평민의 한 사람이 여호와의 계명 중 하나라도 부지중에 범하여 허물이 있었는데 그가 범한 죄를 누가 그에게 깨우쳐 주면 그는 흠 없는 암염소를 끌고 와서 그 범한 죄로 말미암아 그것을 예물로 삼아 그 속죄제물의 머리에 안수하고 그 제물을 번제물을 잡는 곳에서 잡을 것이요

여기서 안수는 다 똑같은데 제물에 있어서 제사장과 회중이 같고 족장과 평민의 경우는 제물이 다르다는 사실을 보여주고 있습니다.

(2) 피를 제단이나 향단에 뿌렸습니다.

레 4:5-7 기름 부음을 받은 제사장은 그 수송아지의 피를 가지고 회막에 들어가서 그 제사장이 손가락에 그 피를 찍어 여호와 앞 곧 성소의 휘장 앞에 일곱 번 뿌릴 것이며 제사장은 또 그 피를 여호와 앞 곧 회막 안 향단 뿔들에 바르고 그 송아지의 피 전부를 회막 문 앞 번제단 밑에 쏟을 것이며

레 4:16-17 기름 부음을 받은 제사장은 그 수송아지의 피를 가지고 회

막에 들어가서 그 제사장이 손가락으로 그 피를 찍어 여호와 앞, 휘장 앞에 일곱 번 뿌릴 것이며

여기서 대제사장과 회중의 죄는 하나님 앞에 아주 심각한 죄이기 때문에 성소 안에 들어가 피를 향단에 뿌렸습니다. 그러나 족장과 평민은 향단까지 갈 필요가 없었습니다. 제단에 바르거나 뿌리면 되었습니다. 이처럼 죄가 크고 심각할수록, 속죄제의 피는 향단이나 속죄소까지 뿌려졌습니다.

레 4:25 제사장은 그 속죄 제물의 피를 손가락에 찍어 번제단 뿔들에 바르고 그 피는 번제단 밑에 쏟고

레 4:30 제사장은 손가락으로 그 피를 찍어 번제단 뿔들에 바르고 그 피 전부를 제단 밑에 쏟고

(3) **뿌려진 짐승의 피에 인간의 죄와 성소의 부정결이 흡수되었습니다.**
피는 생명체입니다. 그런데 이 피가 모든 죄와 부정결을 흡수하고 속죄하게 됩니다.

레 17:11 육체의 생명은 피에 있음이라 내가 이 피를 너희에게 주어 제단에 뿌려 너희의 생명을 위하여 속죄하게 하였나니 생명이 피에 있으므로 피가 죄를 속하느니라

(4) 짐승의 고기에 인간의 죄가 흡착이 되었습니다.

모든 죄가 짐승에게 전가되어 짐승의 살로 흡수가 됩니다.[5] 다시 말하면 거룩한 고기가 죄를 삼켜 버리고 흡수해 버린 것입니다. 바로 이것은 예수 그리스도의 피와 찢기신 살을 예표하였습니다. 그래서 예수님의 찢기신 살에 우리의 죄가 다 전가되었고, 예수님의 보혈이 우리의 죄를 다 닦아내고 속죄해주셨습니다.

그러기에 우리는 예수님이 십자가에서 죽으시고 또 십자가에서 흘리신 보혈로 속죄함을 얻고 구원을 받지 않았습니까? 그리고 그 피가 마음속에 큰 증거가 되어서 우리는 언제나 정결하고 거룩한 사람으로 살아가고 있습니다. 그러니 얼마나 감사합니까?

(5) 이 고기를 제사장이 먹든지 아니면 진 밖에서 태움으로써 모든 속죄를 완성했습니다.

여기서 제사장은 고기를 먹을 수 있는 경우가 있고, 먹지 못하는 경우가 있었습니다.

※ 제사장이 속죄제 고기를 먹을 수 있는 경우
 - 고기에 오염이 경미한 경우

경미한 죄가 짐승의 고기에 흡착되는 경우에만 먹을 수 있었습니다. 이때 속죄제 제물의 피는 번제단에만 뿌려졌습니다. 향단이나 속죄소까지는 뿌려지지 않았습니다. 향단이나 속죄소까지 피가

---

5) 인간의 죄 고백과 안수를 통하여서 죄가 짐승에게 전가되며 희생제물은 그 죄를 흡착하여 오염된다. Gyung Yul Kim, "The *hattat* ritual and the Day of Atonement in the Book of Leviticus," (Ph.D. diss, University of Pretoria, 2013), 153.

뿌려지는 경우는 심각한 죄일 때만 그렇습니다. 그런데 아무리 경미한 죄가 짐승의 고기에 흡수되었다 할지라도 고기는 영적인 속성상으로는 오염이 된 상태라고 말할 수 있습니다. 즉, 속죄제의 제물로 드려진 고기에 죄가 전가되고 흡수되었다는 말입니다. 그러니 고기가 오염되고 부정을 타게 되었다는 것입니다. 그럼에도 불구하고 성경은 그 고기가 아주 거룩한 고기라고 말합니다.

> 레 6:25-26 아론과 그의 아들들에게 말하여 이르라 속죄제의 규례는 이러하니라 속죄제 제물은 지극히 거룩하니 여호와 앞 번제물을 잡는 곳에서 그 속죄제 제물을 잡을 것이요 죄를 위하여 제사 드리는 제사장이 그것을 먹되 곧 회막 뜰 거룩한 곳에서 먹을 것이며

> 레 6:29 제사장인 남자는 모두 그것을 먹을지니 그것은 지극히 거룩하니라

그렇다면 왜 이 고기가 궁극적으로 거룩하다고 할 수 있습니까? 고기에 더러운 죄가 흡착되고 흡수되어 영적 속성상으로는 이미 부정하게 되고 오염이 되었는데도 말입니다. 그 이유는 그 고기는 이미 하나님께 드려진 제물이기 때문입니다. 하나님께 드려진 제물이기 때문에 또 그 고기는 거룩한 고기라고 성경은 말합니다. 하나님께 일단 드려진 제물은 거룩하기 때문입니다. 더구나 그 고기가 속죄 제물로 드려졌으니 지극히 거룩했습니다.

그러므로 이 고기 안에는 거룩한 모순이 존재하고 있습니다. 왜냐하면 이 고기 안에는 하나님의 거룩성과 죄의 오염이 공존해 있

기 때문입니다. 하나님의 거룩성과 죄의 오염이 공존해 있으니, 거룩한 모순을 일으키고 있습니다. 그러면 이 거룩한 모순을 무엇으로 처리했다는 말입니까?

먼저 제사장이 그 고기를 먹고 소화함으로써 그 모든 모순이 처리되었다는 것입니다. 그렇게 함으로써 비로소 제례자를 위한 속죄가 완성되었습니다. 그러므로 이것은 하나님의 기가 막힌 속죄의 신비라고 표현할 수 있습니다. 그런 의미에서 제사장이 속죄제의 고기를 먹는다는 것이 얼마나 중요한 일인지 모릅니다. 제사장이 속죄제의 고기를 먹어서 속죄를 완성한다는 것이 얼마나 신비로운 일인지 모른다는 말입니다.

모세가 아론에게 화를 낸 이유

레위기 10장을 보면 이런 일이 있지 않습니까? 이스라엘 백성들이 성막 건축을 완성한 후에 맨 처음으로 하나님께 제사를 드렸습니다. 번제와 화목제를 드리고, 또 속죄제도 드렸을 것이 아니겠습니까? 그래서 모세가 속죄제의 남은 제물을 먹으려고 찾으러 갔는데, 아론이 그만 그 속죄제물을 먹지 않고 다 태워버리고 말았습니다.

그래서 모세가 아론에게 막 성질을 냅니다. 이 속죄제를 당연히 먹어서 이스라엘 백성들의 속죄를 완성해야 하는데 왜 당신 맘대로 속죄제물을 진 밖에 태워버리느냐는 겁니다. 그러자 아론이 자초지종을 다 설명했습니다. 그러자 모세가 그 설명을 듣고 노여움을 풀었고 기뻐하는 내용이 나옵니다.

레 10:16-19 모세가 속죄제 드린 염소를 찾은즉 이미 불살랐는지라 그가 아론의 남은 아들 엘르아살과 이다말에게 노하여 이르되 이 속죄제물은 지극히 거룩하거늘 너희가 어찌하여 거룩한 곳에서 먹지 아니하였느냐 이는 너희로 회중의 죄를 담당하여 그들을 위하여 여호와 앞에 속죄하게 하려고 너희에게 주신 것이니라 그 피는 성소에 들여오지 아니하는 것이었으니 그 제물은 너희가 내가 명령한 대로 거룩한 곳에서 먹었어야 했을 것이니라 아론이 모세에게 이르되 오늘 그들이 그 속죄제와 번제를 여호와께 드렸어도 이런 일이 내게 임하였거늘 오늘 내가 속죄제물을 먹었더라면 여호와께서 어찌 좋게 여기셨으리오

모세가 버럭 화를 낸 이유가 있었습니다. 속죄제의 피가 향단으로 뿌려지지 않는 고기라면 제사장이 반드시 먹어서 속죄를 완성해야 합니다. 그 남은 속죄제의 고기는 정말 지극히 거룩하기 때문입니다. 그 거룩한 고기를 제사장이 먹어서 소화시켜야 했습니다. 그런데 왜 그 고기를 먹지 않고 불태워 버리냐는 것입니다. 먹어서 소화시켜 이스라엘 백성들의 속죄를 완성해야 했는데 말입니다.

특별히 지금 모세는 속죄제사의 절차와 과정에 대해 따지고 있습니다. 왜냐하면 레위기 10장에서 아론의 아들 나답과 아비후가 하나님께 드리는 제사 절차와 과정을 무시하다가 그만 하나님의 거룩한 불에 타서 죽어버리지 않았습니까? 원래 하나님께 제사를 드릴 때에는 하나님이 내려주신 불로 모든 제물에 불을 붙이고 제사를 드려야 했습니다. 레위기 9장을 보면, 이스라엘 백성들이 성막 건축을 하고 제단에 제사를 드릴 때 하나님께서 하늘로부터 신령한 불을 내려주시지 않았습니까?

레 9:23-24 모세와 아론이 회막에 들어갔다가 나와서 백성에게 축복하매 여호와의 영광이 온 백성에게 나타나며 불이 여호와 앞에서 나와 제단 위의 번제물과 기름을 사른지라 온 백성이 이를 보고 소리 지르며 엎드렸더라

그래서 이스라엘 백성들은 이 불을 잘 보관해서 꺼트리지 않고 이 불을 가지고 제단의 나무에 불을 붙여야 했습니다. 마치 올림픽이 되면 그리스에서 성화의 불을 옮겨오는 것처럼 하나님 앞에 드리는 제사도 반드시 하나님이 내리신 불로 드려야 했습니다. 번제단뿐만 아니라 성소 안에 있는 향단에 불을 사를 때도 반드시 여호와께서 내리신 신령한 불로 향단의 향 재료를 태워야 했습니다.

그런데 아론의 아들 나답과 아비후가 여호와께서 명령하지 않은 다른 불을 담아서 여호와 앞에 분향했습니다. 그랬더니 하나님께서 정말로 사납고 무서운 불을 그들에게 내리셔서 여호와의 불이 그들을 삼켜서 즉시 죽어버리고 말았습니다.

레 10:1-2 아론의 아들 나답과 아비후가 각기 향로를 가져다가 여호와께서 명령하시지 아니하신 다른 불을 담아 여호와 앞에 분향하였더니 불이 여호와 앞에서 나와 그들을 삼키매 그들이 여호와 앞에서 죽은지라

아론의 아들 나답과 아비후가 예배의 절차를 무시하고 다른 불을 드림으로써 이렇게 심판을 받아 즉사해 버리고 말았습니다. 그래서 지금 모세가 아론에게 따져 묻고 있는 것입니다.

"당신의 두 아들들이 예배법을 무시하다가 그렇게 죽지 않았소?

그런데 왜 당신도 예배절차를 무시하는 것이오? 향단으로 뿌리지 않는 속죄제의 고기는 다 거룩한 것인데, 그리고 그 거룩한 고기를 제사장들이 먹어서 백성들의 죄를 속해야 하는데 왜 당신은 예배법을 무시하고 그 고기를 태워버린 것이오?"

하나님께서 제사장에게 먹어서 속죄를 완성하라고 하신 고기는 반드시 하나님의 명령대로 그 고기를 제사장들이 먹어야 하지 않겠냐는 것입니다. 그러자 아론이 뭐라고 대답합니까?

"모세여, 모세여, 내말 좀 들어보세요. 당연히 당신 말처럼 속죄제 남은 것은 나도 먹고, 당신도 먹고, 우리 제사장이 다 함께 먹어야 하지 않겠소? 나도 그것을 너무나 잘 아오. 그러나 지난번 내 아들 나답과 아비후가 하나님께 다른 불을 드려 벌을 받아 당장 죽어버리지 않았소. 그런데 어찌 이 일이 나와 무관하다고 생각하오? 이것은 우리 아들들의 죄가 아니라 내 죄라고 생각하오. 내가 우리 아들들을 잘못 가르치고 훈육해서 그놈들이 하나님께 경거망동하여 저주를 받아 죽어버리지 않았소. 그러니 이것은 우리 아들들의 죄이기 전에 내 죄란 말이오. 그러니 대제사장이 되어가지고 이렇게 큰 죄를 지어 아들들까지 죽였는데, 내가 어떻게 그 속죄제의 제물을 먹을 수 있겠소. 사실 내용적으로는 이 속죄제의 피를 향단까지 가져가서 뿌려야 할 것이오. 왜냐하면 우리 아들들의 죄가 바로 내 죄이기 때문이오. 그래서 제가 너무 큰 죄의식을 느낀 나머지 그 속죄제물을 먹지 못하고 진 밖에서 불로 태워버리고 만 것입니다."

이렇게 아론이 설명을 하자, 모세가 그 말을 듣고 화가 풀려 좋게 여겼다고 합니다.

레 10:19-20 아론이 모세에게 이르되 오늘 그들이 그 속죄제와 번제를 여호와께 드렸어도 이런 일이 내게 임하였거늘 오늘 내가 속죄제물을 먹었더라면 여호와께서 어찌 좋게 여기셨으리요 모세가 그 말을 듣고 좋게 여겼더라

아론이 지금 어떤 이야기를 하고 있습니까? 대제사장이 죄를 지어서 드린 속죄제나, 온 회중이 한꺼번에 집단적으로 죄를 지어 드린 속죄제물의 피는 제단에 뿌려지지 않고 향단에 뿌려야 했습니다. 그리고 향단에 뿌려진 속죄제 고기는 누구도 먹을 수 없었습니다. 그 죄는 너무나 심각하고 크기 때문에 그 죄가 흡수된 고기는 먹어서는 안 되었습니다. 그런 고기는 반드시 진 밖에서 태워야 했습니다.

지금 아론은 사실상 그 죄는 아들들의 죄이기 전에 대제사장인 자신의 죄라고 말하는 것입니다. 그래서 먹지 못하고 진 밖에다 태웠다는 것입니다. 그러자 그 이야기를 듣고 모세의 화가 풀어졌습니다. 그러나 그날 드렸던 속죄제의 제사는 피가 향단까지 가지 않았습니다. 제단에만 뿌려졌습니다. 그러니까 고기의 오염된 죄는 경미하고 가벼운 것이었습니다.

그러므로 그것은 반드시 하나님의 법대로라면 제사장이 먹어서 속죄의 제사를 완성해야 했습니다. 그래서 모세가 그 남은 고기를 찾으러 왔던 것입니다. 모세가 고기를 먹고 싶어서 환장해서가 아니라, 하나님의 법대로 하나님이 원하시는 제사의 절차대로 제사장이 고기를 먹음으로써 그 속죄의 제사를 완성하기 위함이었습니다. 이처럼 속죄제의 고기를 제사장이 먹는다는 것이 얼마나 중요

했으면 모세가 아론에게 와서 꼬치꼬치 캐묻고 화를 냈겠습니까?

제사장이 속죄제의 고기를 먹어야 하는 이유[6]

왜 이 속죄제의 고기를 제사장이 먹어야 합니까?

① 그 고기를 먹어서 속죄의 제사를 완성하기 위해서였습니다. 비록 그 고기에 죄가 흡수되고, 부정으로 오염되어 있다 하더라도, 하나님의 특별한 방법으로 거룩한 소화를 하게 하셨을 것 아니겠습니까? 그 고기 안에는 거룩함과 부정이 공존해 있었기 때문입니다. 그런데 제사장의 몸과 마음에 거룩한 면역력을 주셔서 그런 거룩한 고기를 소화하게 함으로써, 속죄를 완성하셨습니다. 그런데 성경을 보면, 우리도 왕 같은 제사장이라고 말씀하지 않습니까?

> 벧전 2:9 그러나 너희는 택하신 족속이요 왕 같은 제사장들이요 거룩한 나라요 그의 소유가 된 백성이니 이는 너희를 어두운 데서 불러 내어 그의 기이한 빛에 들어가게 하신 이의 아름다운 덕을 선포하게 하려 하심이라

우리는 구약의 제사장은 아니지만, 이 시대에 왕 같은 제사장의 삶을 살아야 합니다. 하나님은 우리에게도 거룩한 면역력을 주셨을 것이 아니겠습니까? 왕 같은 제사장에게는 그런 거룩한 면역력

---

[6] 속죄제 고기 처분에 대해서는 다음을 참조하라. Gyung Yul Kim, "The *hattat* ritual and the Day of Atonement in the Book of Leviticus," (Ph.D. diss, University of Pretoria, 2013), 195-200.

이 있습니다. 그러니까 어지간하면 우리가 생명나무를 선택하고, 이웃의 실수와 허물을 보듬을 수 있어야 합니다. 또한 우리 교회의 부족함도 우리가 그것을 짊어지거나 아니면 그것을 품고 기도할 수 있어야 합니다. 그냥 막 선지자처럼 까발리려고만 하면 안 됩니다. 선지자는 까발려도 그것에 대한 대안을 주고 소망을 주지 않습니까?

그런데 오늘날 성도들은 무조건 대책도 없이 까발리려고만 합니다. 남을 정죄하고, 공격하고, 교회까지도 정죄하고 공격합니다. 심지어는 교회를 무너트리려고 하는 사람처럼 얼마나 교회를 까발리고 다니는지 모릅니다. 그러나 우리가 왕 같은 제사장이라면, 어지간하면 경미한 것들은 품고 소화할 수 있어야 합니다. 구약의 제사장들이 먹고 소화해버린 것처럼 그것을 보듬든지, 아니면 짊어지든지 우리도 그것을 품고 기도하며 은혜스럽게 소화할 수 있어야 합니다.

> 히 13:12-13 그러므로 예수도 자기 피로써 백성을 거룩하게 하려고 성문 밖에서 고난을 받으셨느니라 그런즉 우리도 그의 치욕을 짊어지고 영문 밖으로 그에게 나아가자

예수 그리스도가 우리를 거룩한 사람, 곧 왕 같은 제사장으로 만들기 위해 성문 밖에서 고난을 받으셨으므로 이제는 우리도 그의 치욕을 짊어지고 영문 밖으로 그에게 나아가자고 말하지 않습니까? 정말 현대교인들이 알아야 할 기가 막힌 말씀입니다. 그러므로 오늘 우리도 이웃의 연약함, 교회의 허물 등을 까발리려고만 하면

안 됩니다. 어지간하면 그걸 내 안에서 소화해야 합니다. 만일 도저히 소화할 능력이 없으면 그걸 짊어지고 영문 밖으로 나가 태워버려야 합니다. 그냥 하나님께 맡겨 버리고 묻어버리는 것이 좋습니다. 바로 그것이 그의 치욕을 짊어지고 영문 밖으로 나아가 그 모든 것을 태워버리는 교훈이기도 합니다.

> ♪ 갈보리 십자가의 주님을 바라볼 때
> 하나님 크신 사랑 너무나 고마워라
> 예수님의 십자가 이제는 나도 지고
> 이 생명 다 바쳐서 주님을 따르리라

② 육적으로는 하나님께서 제사장의 수고와 보상에 대한 의미로 남은 고기를 주신 것입니다.

그렇게 함으로써 제사장의 먹음과 하나님의 뜻의 일치를 보여주었습니다. 그러니 당시 이스라엘 백성들이 얼마나 제사장의 권위를 높이 인정했겠습니까? 누구도 당시에는 제사장의 권위와 리더십을 흔들지 못했습니다. 항상 제사장을 존경하고, 존중하는 신앙생활을 했습니다.

오늘날도 주의 종이 수고를 하면 정당한 보상과 사례를 받아야 한다는 교훈입니다. 성도들 역시 자기를 위해 간절히 기도해주고 목양하는 목회자를 잘 대접해주고 또 사랑하고 존중해야 합니다. 그것이 곧 하나님이 존중하는 것과 같기 때문입니다. 이렇게 주의 종을 존경하고 대접하는 사람이 어떻게 주의 종의 권위를 흔들어 놓겠습니까? 어떻게 주의 종의 권위를 고의적으로 땅에 떨어뜨리겠습니까?

그러므로 우리는 항상 예수 그리스도 안에서 주의 종을 존경하고 또 사랑하고 대접할 수 있어야 합니다. 할 수만 있으면, 주의 이름으로 주의 종을 잘 섬기고 공궤해야 합니다. 목회자가 이단으로 가면 몰라도, 그렇지 않고는 언제나 목회자의 권위를 존중할 뿐만 아니라, 언제나 주의 이름으로 사랑하고 섬기고 대접하며 배려해야 합니다. 그러나 제사장도 속죄제의 남은 고기를 못 먹는 경우도 있습니다.

※ 제사장이 속죄제의 고기를 못 먹는 경우
  - 고기에 오염이 심각한 경우

제사장 자신이 죄를 지어 속죄제를 드리는 경우입니다. 또 온 회중이 죄를 지어 속죄제를 드리는 경우입니다. 이때는 속죄제의 피를 적어도 성소 안에 있는 향단에 뿌려야 합니다. 그러면 어떠한 경우에도 그 고기를 먹을 수 없었습니다. 이처럼 짐승의 피를 향단이나 지성소로 가져가는 경우는 절대로 못 먹습니다. 대제사장도 먹을 수가 없습니다. 왜냐하면 그 고기에 죄의 오염이 심각한 상태이기 때문입니다.

> 레 6:30 그러나 피를 가지고 회막에 들어가 성소에서 속죄하게 한 속죄제 제물의 고기는 먹지 못할지니 불사를지니라

바로 그 고기는 진 밖 재 버리는 곳에 가서 태워야 했습니다. 그렇게 해야 속죄가 완성되기 때문입니다.

레 4:12 똥 곧 그 송아지의 전체를 진영 바깥 재 버리는 곳인 정결한 곳으로 가져다가 불로 나무 위에서 사르되 곧 재 버리는 곳에서 불사를지니라

레 4:21 그는 그 수송아지를 진영 밖으로 가져다가 첫번 수송아지를 사름 같이 불사를지니 이는 회중의 속죄제니라

레 16:27 속죄제 수송아지와 속죄제 염소의 피를 성소로 들여다가 속죄하였은즉 그 가죽과 고기와 똥을 밖으로 내다가 불사를 것이요

이렇게 죄의 오염이 매우 심각하게 된 고기는 어떠한 제사장도 먹을 수가 없었습니다. 오로지 경미하게 오염된 경우만 먹을 수 있었습니다. 그래서 속죄제의 피가 향단이나 지성소까지 뿌려진 피는 그 고기에 심각한 오염이 되어 있기 때문에, 그 고기는 반드시 진 밖으로 가져가 태워야 했습니다. 이렇게 태워야 속죄가 완성되고 이스라엘 백성들의 거룩이 회복될 수 있었습니다.

이것을 정리해서 설명하면 다음과 같이 요약할 수 있습니다.

죄의 고백과 안수(죄의 전가) ⇒ 죄와 부정결이 고기와 피에 흡수 ⇒ 제사장이 먹거나 진 밖에 태움 ⇒ 속죄가 완성되고 거룩이 회복됨[7)]

---

7) Gyung Yul Kim, "The *hattat* ritual and the Day of Atonement in the Book of Leviticus," (Ph.D. diss, University of Pretoria, 2013), 296.

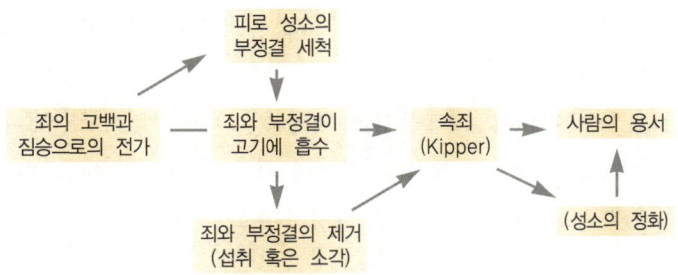

〈그림 8〉 죄 패러다임(레 4-5장) - 김경열 박사 논문에서 인용

그런데 이것 역시 예수 그리스도의 십자가 사건을 예표하고 교훈을 해주고 있습니다. 예수님도 십자가를 지고 영문 밖으로 나가 죽으시지 않았습니까? 이 사실을 히브리서는 이렇게 표현하고 있습니다.

> 히 13:11-12 이는 죄를 위한 짐승의 피는 대제사장이 가지고 성소에 들어가고 그 육체는 영문 밖에서 불사름이라 그러므로 예수도 자기 피로써 백성을 거룩하게 하려고 성문 밖에서 고난을 받으셨느니라

왜 예수님께서도 하필이면 십자가를 지고 영문 밖으로 나아가 골고다 언덕에서 죽으셨단 말입니까? 그것은 자기 백성을 거룩하게 하려고 성문 밖에서 죽으신 것입니다. 언약백성들의 죄를 속죄하고 거룩을 회복하게 해주시려고 성문 밖, 곧 골고다 언덕에서 죽으신 것입니다.

구약 백성들은 이렇게 짐승의 피로 속죄를 받고 거룩을 회복하였지만, 우리는 예수 그리스도의 완전한 죽으심과 그 십자가의 보

혈로 속죄함을 입고 거룩함을 회복할 수 있게 되었습니다. 그러므로 우리의 속죄는 영원한 속죄, 우리의 거룩함은 완전한 거룩함입니다. 그러니 얼마나 감사합니까? 정말 예수 그리스도의 보혈의 은혜와 십자가의 죽으심을 완전히 깨닫고 감격한 사람은 언제나 주님을 찬양하게 되어 있습니다. 언제나 어린 양 되신 예수 그리스도의 죽으심과 그 보혈의 능력을 찬양하며 노래합니다.

> ♪ 마음에 가득한 의심을 깨치고 지극히 화평한 맘으로
> 찬송을 부름은 어린 양 예수의 그 피로 속죄함 얻었네
> 속죄함 속죄함 주 예수 내 죄를 속했네 할렐루야
> 소리를 합하여 함께 찬송하세 그 피로 속죄함 얻었네

이처럼 속죄를 통해 죄가 처리되었다면, 부정결도 처리가 되어야 했습니다. 부정결은 죄와는 다릅니다. 부정결은 정결의 반대로서 하나님 보시기에 비정상적 상태나 부정한 상태로 있는 것을 말합니다. 그러나 부정결을 처리하지 않고, 그대로 두었다가는 죄로 발전하게 됩니다. 그렇다면 부정결은 어떻게 처리가 되는 것일까요?

※ 부정결의 처리 과정

(1) 짐승에게 전가되지 않습니다.
부정결을 위한 속죄제는 짐승에게 안수하였지만, 이때 안수는 전가의 의미가 아니라 대체나 동일시의 의미였습니다. 또 경미한

부정결은 자연 정화와 씻음으로도 처리되는 경우가 많았습니다.

> 레 11:31-32 모든 기는 것 중 이것들은 네게 부정하니 그 주검을 만지는 모든 자는 저녁까지 부정할 것이며 이런 것 중 어떤 것의 주검이 나무 그릇에든지 의복에든지 가죽에든지 자루에든지 무엇에 쓰는 그릇에든지 떨어지면 부정하여지리니 물에 담그라 저녁까지 부정하다가 정할 것이며

이처럼 경미한 부정은 하루만 지나면 저절로 정해지게 되었습니다.

(2) 피를 제단에 뿌렸습니다.

일반적 부정결은 번제단에만 뿌려졌습니다. 그리고 이 부정결이 죄로 발전되고 확장될 때 향단에 뿌려졌습니다.

(3) 짐승의 피가 성소의 오염을 빨아들이고, 고기에 그 부정결이 흡수되게 하였습니다.

그러나 부정결을 위한 속죄제의 고기는 성소의 오염과 부정결만 흡착하였습니다. 사람의 죄나 악행이 흡착되지 않았습니다. 그 피는 오직 성전에 오염된 부정결만 씻었습니다.

(4) 이 고기를 제사장이 먹어서 제거하였습니다.

이것을 정리해서 설명하면 다음과 같습니다.

부정결을 위한 속죄제 ⇒ 피로 성소의 부정결 세척과 고기의 부정결 흡수 ⇒ 속죄 ⇒ 부정결의 제거(제사장이 먹음) ⇒ 정화(정결)[8]

〈그림 9〉 부정결 패러다임(레 12-15장) - 김경열 박사 논문에서 인용

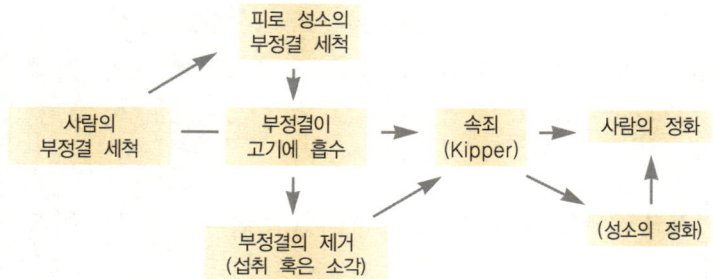

부정결을 위한 속죄제의 피도 예수 그리스도의 피를 예표했습니다. 이 부정결을 위한 속죄제의 고기 역시, 십자가에서 찢기신 예수님의 살의 모형이었습니다. 그러므로 결국 오늘날 우리가 온갖 부정결과 오염과 영적 어두움으로부터 정결하게 할 수 있는 것도, 예수 그리스도의 보혈과 찢기신 주님의 살 때문입니다. 왜냐하면 예수님은 이 세상에 빛으로 오셨고 생수로 오셨기 때문입니다. 그러므로 우리는 항상 예수 그리스도의 보혈과 찢기신 살을 묵상하며 먹고 마시는 삶을 살아야 합니다. 그리고 그 은혜를 찬양해야 합니다.

♪ 샘물과 같은 보혈은 임마누엘 피로다

---

8) Gyung Yul Kim, "The *hattat* ritual and the Day of Atonement in the Book of Leviticus," (Ph.D. diss, University of Pretoria, 2013), 299.

이 샘에 죄를 씻으면 정하게 되겠네
정하게 되겠네 정하게 되겠네
이 샘에 죄를 씻으면 정하게 되겠네

그러나 정말 중요한 것은 일반 속죄제로는 속죄가 안 되는 죄들이 있었다는 것입니다. 일반 속죄제는 부지중에 지은 죄를 위해 드리는 제사였기 때문입니다. 다시 말하면 비고의적으로만 지은 죄를 용서받았습니다. 그러므로 고의적으로 지은 죄나 의도적으로 지은 반역죄, 또한 속죄 불가한 부정결 등은 일반 속죄제로 용서받을 수가 없었습니다.

여기서 속죄 불가한 부정결은 정결과정을 고의적으로 무시해버린 죄를 말합니다. 이 죄 역시 일반 속죄제로는 용서받을 수 없었습니다. 그뿐인가요? 죄를 지어놓고도 고의적으로 속죄제를 안 드리는 사람도 있었단 말입니다. 그러니 하나님 보시기에 얼마나 고약한 자들이겠습니까? 죄를 깨닫고도 속죄제를 드리지 않은 그 죄는 얼마나 큰 악행죄이고 고의적인 죄인지 모릅니다.

그러므로 일반 속죄제를 가지고는 절대로 용서받을 수가 없었습니다. 그러나 하나님께서 이런 죄를 즉결처분하지 않으시고, 유예하시고, 보류하셨습니다. 당장 이놈들을 쓸어버리고 아구통을 쳐서 생명을 데려가 버려야 하는데 하나님은 너무나 자비로우신 분이어서 그 죄에 대한 심판을 유예하셨단 말입니다. 언제까지 유예하신 줄 아세요? 대속죄일까지 연기하고 유예하셨습니다. 그리고 대속죄일에 드리는 속죄제를 통해 모든 죄를 다 용서하고 속죄해 주셨습니다. 전 민족적, 전 국가적으로 대속죄를 해버린 것입니다. 그래서 이 대속죄일에 드린 속죄제를 특수 속죄제라고 표현합니다.

대속죄일에 속죄받는 죄들

구체적으로 그날 어떤 죄들이 속죄를 받고 사면이 될까요?

레 16:16 곧 이스라엘 자손의 부정과 그들이 범한 모든 죄로 말미암아 지성소를 위하여 속죄하고 또 그들의 부정한 중에 있는 회막을 위하여 그같이 할 것이요

레 16:21-22 아론은 그의 두 손으로 살아 있는 염소의 머리에 안수하여 이스라엘 자손의 모든 불의와 그 범한 모든 죄를 아뢰고 그 죄를 염소의 머리에 두어 미리 정한 사람에게 맡겨 광야로 보낼지니 염소가 그들의 모든 불의를 지고 접근하기 어려운 땅에 이르거든 그는 그 염소를 광야에 놓을지니라

레 16:30 이 날에 너희를 위하여 속죄하여 너희를 정결하게 하리니 너희의 모든 죄에서 너희가 여호와 앞에 정결하리라

한마디로 대속죄일에 특수 속죄제를 통해 모든, 죄 곧 집약적인 총체적 죄와 악행들이 용서받았습니다. 그 집약된 총체적인 죄를 정리하면 이렇게 요약할 수 있습니다.
(1) 대속불가능한 악행(고의적인 죄, 반역죄)

(2) 집단적인 반역죄(공동책임의 죄)
(3) 즉결심판이 유예된 모든 죄
(4) 망각하고 있었던 죄나 아직도 깨닫지 못한 죄

바로, 이 모든 죄악들이 대속죄일에 특수 속죄제를 통해서 집약적으로 속죄되었습니다. 전 민족적으로 국가적으로 다 용서가 되었습니다. 그렇게 해서 모든 이스라엘 백성들이 정결함을 입게 되고 거룩이 회복되었습니다. 얼마나 복된 날입니까?

그래서 레위기의 구조가 이렇게 되어 있습니다. 철저하게 카이아스틱 스트릭처, 곧 교차 구조로 되어 있습니다. 교차 구조란 히브리 문학의 특징입니다. 그들의 머릿속에는 항상 교차 구조가 배어 있습니다. 왜냐하면 이렇게 해서 암송을 잘하려고 했던 것입니다. 그래서 성경을 보면 교차 구조가 많습니다. 레위기도 마찬가지입니다.

  A. 레 1-7장: 희생 제물들
    B. 레 8-9장: 제사장의 임명과 첫 제사들
      C. 레 10장: 제사장들에 의한 신성모독: 제단 오염
        D. 레 11-15장: 의식적 정결과 이스라엘의 거룩
          X. 레 16-17장: 속죄일과 피의 기능(레위기의 중심)
        D^1. 레 18-20장: 윤리적 정결과 이스라엘의 거룩
      B^1. 레 21-22: 제사장의 자격과 직무
  A^1. 레 23:1-24:9: 절기들과 제물들
      C^1. 24:10-23: 평신도에 의한 신성모독: 여호와 이름의 오염

D². 레 25-26장: 사회적 정결과 이스라엘의 거룩
A². 레 27장: 다양한 제물들

　레위기의 중심은 16-17장입니다. 17장도 피의 효능에 대해서 말하고 있기에 16장의 연속입니다. 그리고 16-17장을 중심으로 대략 대차 구조를 이루고 있습니다. 그러므로 대속죄일은 이스라엘 백성들에게 가장 기쁜 날이고 최고로 복된 날이었습니다. 생애 최고의 날이고 최상의 날이며, 가장 행복한 민족적 경사의 날이었습니다. 바로 이날에 모든 죄가 속죄되고 정결과 거룩이 회복되기 때문입니다.

　그러므로 이날은 가장 거룩한 날이요, 가장 성스러운 날입니다. 이날이 없으면 이스라엘 백성들이 그 어떠한 정결과 거룩도 회복할 수가 없기 때문입니다. 그러므로 얼마나 복되고 기쁜 날입니까? 앞에서도 봤지만 이것을 도표로 그리면 다음과 같이 설명할 수 있습니다.

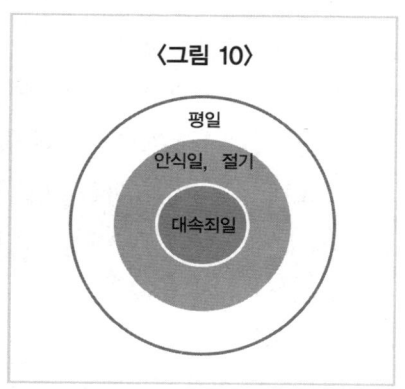

이렇게 대속죄일을 통하여 이스라엘 백성들에게 거룩이 흘러갔습니다. 속죄일의 거룩이 모든 이스라엘 백성들을 향하여 방사되고, 마치 물이 바다를 덮음같이 온 이스라엘 백성들을 거룩으로 덮어 버렸습니다. 그러니 얼마나 감사합니까? 대속죄일에 드린 특수 속죄제가 얼마나 복된 제사요, 거룩한 제사입니까?

그런데 이 대속죄일 역시, 예수 그리스도가 십자가에 죽으신 날을 예표하고 모형했던 날입니다. 예수님은 모든 제사를 완성하셨지만 특별히 대속죄일에 드렸던 특수 속죄제의 제물로 죽으셨습니다. 그래서 예수님의 십자가의 보혈과 은혜로 당신의 언약 백성들을 다 정결하게 하고, 거룩하게 하셨습니다.

구약 백성들은 임시적인 짐승의 피와 희생으로 속죄함을 얻고 거룩함을 회복하였지만, 우리는 예수님의 영원하고 완전하신 보혈의 힘으로 속죄함을 얻고 거룩함을 입게 되었습니다. 그러니 예수님의 십자가의 죽음이 얼마나 거룩한 죽음입니까? 얼마나 복된 죽음입니까? 얼마나 우리에게 은혜와 축복을 가져다주는 속죄제사였냐는 말입니다. 그래서 우리가 주님의 보혈의 능력과 속죄의 은총을 찬양하며 노래합니다.

> ♪ 내 죄사함 받고서 예수를 안 뒤 나의 모든 것 다 변했네
> 지금 나의 가는 길 천국 길이요 주의 피로 내 죄를 씻었네
>
> 주님 밝은 빛 되사 어둠 헤치고 나의 모든 것 다 변했네
> 지금 내가 주 앞에 온전케 됨은 주의 공로를 의지함일세

후렴) 나의 모든 것 변하고 그 피로 구속 받았네
하나님은 나의 구원 되시오니 내게 정죄함 없겠네

물론 우리의 죄가 그냥 자동적으로 속죄되는 것은 아닙니다. 예수 그리스도께서 십자가에서 죽으셨다고 해서 우리의 모든 죄가 무조건 다, 또 저절로 용서된다는 말이 아닙니다. 그것은 반드시 우리의 회개를 통해서 이루어집니다. 그러므로 우리가 하나님께 회개하는 이유가 바로 여기에 있습니다.

구약 백성들이 속죄제를 통해 죄사함을 받고 거룩을 회복한 것처럼 우리도 예수 그리스도를 통해 하나님께 나아가야 합니다. 주님의 십자가를 의지하고 하나님 앞에 우리의 모든 죄를 낱낱이 고하며 회개해야 합니다. 바로 이 회개를 통해 우리가 속죄함을 얻고 거룩한 길에 들어섭니다. 이 길을 예수 그리스도께서 완전하고 영원하게 열어 놓으셨습니다. 그러니 얼마나 감사합니까?

구원파 교리의 이단성

구원파는 회개를 통한 속죄의 영광이 얼마나 큰 축복인지를 모릅니다. 그래서 예수 그리스도의 죽음을 헛되고 가증스럽게 만들어버렸습니다. 딕욕 선교사란 사람이 대구 주암산 집회를 인도하는데 한국 사람들이 구원의 확신이 부족함을 인식하고 한국 성도들에게 구원의 확신을 강조하기 시작했습니다. 그것을 권신찬, 박옥수 등이 배운 것입니다.

그들은 한번 구원받은 자는 죄를 짓지 않는다고 하면서 회개할 필요가 없다고 주장합니다. 그러면서 기성교회는 구원이 없다고 공격하면서 계속해서 회개한 자는 구원을 못 받은 자라고 잘못된 교리를 설파하였습니다. 그러다 결국 이단의 교주가 되어 버렸습니다. 그러니 얼마나 불쌍한 자들입니까? 회개의 영광, 회개를 통한 속죄의 축복이 얼마나 영광스러운지를 몰랐으니 얼마나 불쌍합니까? 그래서 이단 종교를 통해 속물 중의 속물이 되어 지난날 오대양 사건과 세월호 사고까지 일어나게 한 것입니다. 잘못을 해도 회개할 필요가 없으니 자기가 한 행동에 대해서 부끄러워할 줄도 모르고 책임도 질 줄 모르는 것입니다.

회개의 길을 열어주신 예수님

우리는 예수 그리스도를 통한 회개의 축복이 얼마나 영광스러운 것인가를 알아야 합니다. 동양의 천재스승인 공자도 어떻게 회개하는지도 모르고 '획죄어천 무소도야'(獲罪於天 無所禱也)라고 하지 않았습니까? 즉 하늘을 향해 지은 죄는 빌 곳이 없다는 것입니다. 그 유명한 부처도 '업보중생 제도불능'(業報衆生 濟度不能)이라고 했습니다. 자기가 지은 죄는 어떤 제도로도 대신할 수 없고 자기 스스로 감당해야 한다고 말했습니다.

그런데 예수님이 오셔서 모든 속죄의 길과 회개의 길을 열어주셨습니다. 그러니 우리가 하나님께 회개할 수 있다는 것이 얼마나 큰 축복인지 모릅니다. 그 회개를 통해 우리가 하나님께 속죄함을 입고 하나님의 거룩을 회복하고 그 거룩의 은혜를 덧입는다는 것이 얼마나 큰 축복인지 모른단 말입니다.

그러므로 우리는 언제나 회개를 가장 큰 축복으로 여겨야 합니다. 그 어떤 죄를 지었다 하더라도 하나님 앞에 나아가 회개할 수 있다는 사실을 가장 큰 영광과 축복으로 여겨야 합니다. 절대로 회개를 지체하지도 말고, 연기하지도 말아야 합니다. 죄를 묵혀놓지 말고, 그때그때 해야 합니다. 그렇게 해서 항상 속죄의 감격과 거룩 회복의 영광을 경험하며 누릴 수 있어야 합니다.

> ♪ 천부여 의지 없어서 손 들고 옵니다
> 주 나를 외면하시면 나 어디 가리까
> 내 죄를 씻기 위하여 피 흘려 주시니
> 곧 회개하는 맘으로 주 앞에 옵니다

나팔절에 나팔을 부는 이유

우리는 이런 은혜와 축복을 언제든지 누릴 수 있지만, 구약 백성들은 이 영광과 축복을 대속죄일에 누렸습니다. 그러니 대속죄일은 구약 백성들에게 얼마나 큰 축복의 날이었겠습니까? 최고로 감격의 날이요, 영광의 날이요, 축복의 날이었습니다. 구약에서는 이 날이 오기 전, 7월 1일에 나팔절이란 절기가 있었습니다. 대속죄일은 7월 10일인데, 나팔절은 7월 1일이었습니다. 바로 대속죄일이 다가오기 10일 전에 제사장이 나팔을 불며 대속죄일에 주실 하나님의 은혜를 알렸습니다. 어떤 의미로 나팔을 불었습니까? 곧 새로운 날이 도래한다는 의미로 나팔을 불었습니다. 하나님이 이스라엘 백성들에게 새날을 주셨고, 그날에 위대한 속죄의 은혜와 거룩 회복의 축복을 주신다는 것입니다.

> 레 23:24 이스라엘 자손에게 말하여 이르라 일곱째 달 곧 그 달 첫 날은 너희에게 쉬는 날이 될지니 이는 나팔을 불어 기념할 날이요 성회라

> 민 29:1 일곱째 달에 이르러는 그 달 초하루에 성회로 모이고 아무 노동도 하지 말라 이는 너희가 나팔을 불 날이니라

나팔절은 한마디로 유대인의 신년제라고 할 수 있습니다. 그날을 우리말로 하면, 정월 초하루라고 생각하면 됩니다. 그날을 히브리말로 티쉬월 1일이라고 하는데, 이날 나팔을 붑니다. 바로 티쉬월 10일에 있을 대속죄의 은총과 거룩 회복의 축복을 나팔소리를 통해서 미리 알리고 선포합니다. 그러므로 이스라엘 백성들은 나팔절의 나팔소리를 들으면, 10일 동안 더 성결하고 마음을 정결케 하며, 옷을 빨면서 하나님으로부터 속죄받을 준비를 해야 했습니다.

"여러분, 이제 묵은해가 가고 새해가 돌아왔습니다. 이제 우리는 새해 첫날을 맞이하였습니다. 그러므로 새 시대가 열렸습니다. 축복의 새 시대가 우리에게 도래하고 있다는 말입니다. 이제 10일만 있으면, 하나님께서 여러분에게 대속죄의 은총을 주실 것입니다. 여러분에게 어떤 죄가 있어도 다 용서하실 것입니다. 그 어떠한 악행, 그 어떠한 고의적인 죄, 그 어떠한 반역죄도 하나님께서 다 용서해 주실 것입니다. 여러분의 죄가 아무리 주홍 같을지라도 눈과 같이 희어질 것입니다. 여러분의 죄가 아무리 진홍 같을지라도 양털같이 희게 될 것입니다."

이런 의미로 나팔절에 나팔을 불었다는 것입니다. 7월 10일에 받을 대속죄의 은총과 거룩 회복의 축복이 그렇게 컸기 때문입니다.

그렇다면 도대체 대속죄일에 특수 속죄제를 통해 그 모든 죄와 악행들이 어떤 절차를 통해 속죄된단 말입니까? 어떻게 장엄하고 웅대한 속죄의 은총이 임하고 거룩이 회복되기에 하나님은 나팔절까지 제정하셔서 10일 전에 나팔을 불게 하셨을까요? 어떤 기가 막힌 과정을 거쳐서 속죄를 하고 용서를 해주시기에 나팔절을 통해 나팔까지 불게 하셨을까요? 도대체 거룩이 무엇이기에, 그리고 어떻게 기가 막힌 방법으로 거룩이 회복되기에, 나팔까지 불게 하셨느냐는 말입니다. 다음 장에서 계속하겠습니다.

> ♪ 너는 크게 자유를 외쳐라 이 땅에 주의 나팔 불어
> 그 거룩한 나라의 소식을 만백성에게 알리어라
> 네게 약속된 땅으로 돌아가 내가 준 자유를 누리고
> 내 법도를 지켜 행하며 안식을 취하리라

3. 대속죄일, 거룩 회복의 날 Ⅱ

"아론은 그의 두 손으로 살아 있는 염소의 머리에 안수하여 이스라엘 자손의 모든 불의와 그 범한 모든 죄를 아뢰고 그 죄를 염소의 머리에 두어 미리 정한 사람에게 맡겨 광야로 보낼지니 염소가 그들의 모든 불의를 지고 접근하기 어려운 땅에 이르거든 그는 그 염소를 광야에 놓을지니라"(레 16:21-22).

속죄제에는 두 가지가 있다고 했습니다. 하나는 일반 속죄제요, 또 하나는 특수 속죄제입니다. 일반 속죄제는 부지중에 비고의적으로 지은 죄를 속죄받기 위해서 드리는 제사입니다. 그리고 심한 부정결을 정화시키기 위해서 드렸던 제사입니다. 그러나 일반 속죄제로는 속죄가 안 되는 것들이 있는데 그런 죄를 속죄받고 용서받기 위해서 특수 속죄제를 드렸습니다. 그것은 대속죄일에 한 번 드리는 것이었습니다. 일 년에 딱 한 번 드리는 제사였단 말입니다. 바로, 그 특별 속죄제를 레위기 16장에서 잘 소개하고 있습니다.

대속죄일에는 일반 속죄제와는 달리 두 종류의 제물이 필요했습니다. 하나는 대제사장과 모든 제사장 그룹을 위한 제물을 드렸습니다. 이것은 드려도 되고 안 드려도 되는 것이 아니었습니다. 무조건 의무적으로 드려야 하는 것이었습니다. 일반속죄제에서는 죄를 지을 때만 드렸습니다. 그러나 대속죄일에는 의무적으로 드려야 했습니다. 바로 이 제사장을 위한 제물은 수송아지나 수소 한 마리였습니다.

레 16:3(상) 아론이 성소에 들어오려면 수송아지를 속죄제물로 삼고……

레 16:6(상) 아론은 자기를 위한 속죄제의 수송아지를 드리되……

그러면 제사장을 위해서만 예물을 드렸습니까? 아닙니다. 이스라엘 전체 백성을 위해서도 예물을 드려야 했습니다. 이때 드리는 제물은 두 마리의 염소였습니다.

레 16:5 이스라엘 자손의 회중에게서 속죄제물로 삼기 위하여 숫염소 두 마리와 번제물로 삼기 위하여 숫양 한 마리를 가져갈지니라

그런데 이 두 마리의 염소 가운데 반드시 제비를 뽑아야 했습니다. 한 마리는 하나님을 위하여 뽑았고, 또 한 마리는 아사셀을 위하여 뽑았습니다.

레 16:8 두 염소를 위하여 제비 뽑되 한 제비는 여호와를 위하고 한 제비는 아사셀을 위하여 할지며

바로, 여기에서 일반 속죄제와 특수 속죄제의 차이점을 발견할 수 있습니다. 일반 속죄제는 이스라엘 백성을 위해서도 소 한 마리만 드리면 되었기 때문입니다.

레 4:13-14 만일 이스라엘 온 회중이 여호와의 계명 중 하나라도 부지중에 범하여 허물이 있으나 스스로 깨닫지 못하다가 그 범한 죄를 깨달으면 회중은 수송아지를 속죄제로 드릴지니 그것을 회막 앞으로 끌어다가

두 손으로 안수한 아사셀 염소

대속죄일에 드리는 특수 속죄제에서는 수소 한 마리를 드리는 것이 아니라, 회중을 위하여 염소 두 마리를 제물로 드렸습니다. 또 염소 두 마리를 드리되 반드시 제비를 뽑아서 나누었다는 말입니

다. 하나는 하나님을 위하여, 또 하나는 아사셀을 위하여 제비를 뽑았습니다. 그러면 도대체 하나님을 위하여 제비를 뽑았다는 말은 무슨 말일까요? 정말 중요한 질문입니다. 여기엔 엄청난 의미가 담겨 있습니다. 이것은 다음 장에서 구체적으로 설명하겠습니다.

어쨌든 하나님을 위하여 제비 뽑힌 염소는 속죄제물로 드려졌습니다. 이때 피가 지성소와 향단에 뿌려졌기 때문입니다. 그 속죄제의 제물의 피가 지성소와 향단에 뿌려졌다는 것은 이스라엘 백성의 죄와 부정이 심각했다는 것을 이야기해 준다고 할 수 있습니다. 그러므로 제사장이 그 속죄제 고기를 먹을 수가 없습니다. 고기를 못 먹으니 진 밖에서 태울 수밖에 없습니다.

이 말은 이스라엘 회중의 죄와 악행이 그 속죄제의 고기에 심각하게 흡수되고 오염되었다는 말입니다. 그러므로 고기를 태우고 오는 제사장은 그냥 진영으로 들어올 수가 없습니다. 진영으로 들어올 때에는 반드시 물로 씻고 들어와야 합니다. 왜냐하면 그 고기에 이스라엘 회중의 죄와 악행이 심각하게 흡수되고 오염되었기 때문입니다.

레 16:27-28 속죄제 수송아지와 속죄제 염소의 피를 성소로 들여다가 속죄하였은즉 그 가죽과 고기와 똥을 밖으로 내다가 불사를 것이요 불사른 자는 그의 옷을 빨고 물로 그의 몸을 씻은 후에 진영에 들어갈지니라

그러나 아사셀을 위하여 뽑힌 염소는 성전에서 속죄제물로 드려지지 않고, 산 채로 광야로 쫓겨납니다. 그런데 내어 쫓기기 전

에 반드시 제사장이 해야 되는 일이 있었습니다. 그 아사셀을 위한 양에게 안수를 합니다. 그냥 안수를 하는 것이 아니라, 두 손으로 안수를 합니다. 일반 속죄제의 제물에 안수할 때에는 한 손으로 안수하지 않았습니까?

> 레 4:4 그 수송아지를 회막 문 여호와 앞으로 끌어다가 그 수송아지의 머리에 안수하고 그것을 여호와 앞에서 잡을 것이요
>
> 레 4:15 회중의 장로들이 여호와 앞에서 그 수송아지 머리에 안수하고 그것을 여호와 앞에서 잡을 것이요
>
> 레 4:24 그 숫염소의 머리에 안수하고 여호와 앞 번제물을 잡는 곳에서 잡을지니 이는 속죄제라
>
> 레 4:29 그 속죄제물의 머리에 안수하고 그 제물을 번제물을 잡는 곳에서 잡을 것이요

여기 원문을 보면, 일반 속죄제를 드릴 때는 그 속죄제물의 머리 위에 한 손으로 안수를 했다고 기록되어 있습니다. 그러나 아사셀을 위한 염소의 머리에 안수를 할 때, 다시 말하면 특수 속죄제의 제물에 안수할 때에는 반드시 두 손으로 안수를 해야 했습니다.[9]

---

9) Gyung Yul Kim, "The *hattat* ritual and the Day of Atonement in the Book of Leviticus," (Ph.D. diss, University of Pretoria, 2013), 128-38.

레 16:21 아론은 그의 두 손으로 살아 있는 염소의 머리에 안수하여 이스라엘 자손의 모든 불의와 그 범한 모든 죄를 아뢰고 그 죄를 염소의 머리에 두어 미리 정한 사람에게 맡겨 광야로 보낼지니

왜 특수 속죄제의 제물에는 반드시 두 손으로 안수를 해야 했을까요? 그것은 바로 그 아사셀 어린양에게 이스라엘 모든 백성들의 죄를 집약적으로 전가시켜야 했기 때문입니다. 한 개인의 죄도 아니고 모든 민족적인 죄가 전가되어야 하기 때문입니다. 또한, 하나의 죄뿐만이 아니라, 일반 속죄제에서 속죄받지 못한 모든 악행들, 반역죄, 유예받은 죄들, 수많은 죄들을 전체적으로 전가시켜야 했습니다. 바로, 이 특별 속죄제 제물에 이스라엘의 모든 죄를 집약적이고 총체적으로 전가를 했다는 말입니다. 그런 의미에서 한 손으로 안수하지 않고 두 손으로 안수를 했습니다.

그러므로 대제사장 아론은 그 아사셀 염소에다가 두 손으로 안수할 때에 이런 마음과 고백으로 안수하는 것입니다.

"하나님, 우리에게 이런 대속죄일을 선물로 주셔서 감사합니다. 대속죄일에 드리는 특수 속죄제를 통해서 우리 이스라엘 백성들 모두 다 죄를 용서받고 속죄하게 하시며, 하나님 앞에 거룩을 회복하게 하시니 감사합니다. 하나님, 이제 우리의 모든 죄를 이 염소 한 마리에 집약적이고 총체적으로 전가시킵니다. 그러니 이제 우리가 다시 깨끗함을 입고 속죄를 받아서 다시 거룩함을 입게 하옵소서. 거룩한 백성으로 살아가게 하옵소서."

♪ 주여 우리의 죄를 용서하여 주소서

지난날의 잘못을 사하여 주옵소서
주여 우리의 죄를 용서하여 주소서
지난날의 허물을 사하여 주옵소서

주여 주여 나의 죄를 위하여
주여 주여 십자가를 지셨네
주님 가신 그 길을 나도 걸어야 하네(×2)

아사셀 염소에 대한 해석

여기에 아주 중요한 대목이 있습니다. 바로 레위기 16장 10절 말씀입니다.

> 레 16:10 아사셀을 위하여 제비 뽑은 염소는 산 채로 여호와 앞에 두었다가 그것으로 속죄하고 아사셀을 위하여 광야로 보낼지니라

"아사셀을 위하여 제비 뽑은 염소는 산 채로 옆에 두었다가 그것으로 속죄하고"라는 말이 나오지 않습니까? 우리 한글성경에는 그냥 "그것으로 속죄하고"라고 번역되었습니다만, 히브리어 원문을 해석하는 데 있어서 학자들 간에 논쟁이 대단합니다.[10] 히브리어로 "그것으로 속죄하고"라는 말은 '레카페르 알라이브'라고 기록되어 있습니다. 지금까지 전통적으로 대부분의 학자들은 '레카

---

10) Gyung Yul Kim, "The hattat ritual and the Day of Atonement in the Book of Leviticus," (Ph.D. diss, University of Pretoria, 2013), 76-81.

페르 알라이브' 라는 실질적 주어가 아론이었다고 해석해왔습니다. 그런데 '알라이브' 라고 하는 전치사의 일반적인 의미는 "…을 위하여"라는 뜻입니다.

전통적으로 학자들이 해석해 온 대로 이 문장을 직역하면 이런 말입니다. "아론이 그것을 위하여 속죄하다", 다시 말하면 "아론이 아사셀 염소를 위하여 속죄하다"라는 의미로 번역이 된다는 말입니다. 그런데 아론이 짐승인 염소를 속죄한다는 것은 우스운 말이 아닐 수 없습니다. 그래서 일반적으로 대부분의 학자들은 "…을 위하여"라는 말의 의미가 아니라, "…으로 …을 통하여"라는 의미로 해석하려 했습니다.

사실 그렇게 해석을 하면, 물론 예외적인 해석이 될 수는 있겠지만 좀 어법에 맞지 않습니다. 그래서 요즘 현대에 와서 현대 구약학자들이 '레카페르'의 주어는 아론이 아니고 아사셀의 염소라고 주장합니다. 여기서 전치사 '알라이브'는 염소를 위한 전치사가 아니라, 아론을 위한 목적격 전치사라고 해석을 합니다.

바로, 이러한 구문론적 해석은 키우치라는 세계적인 구약학자에 의해서 제기되었습니다.[11] 그에 의하면 이렇게 해석됩니다.

"아사셀 염소가 아론을 위하여 속죄를 한다."

제가 원어 주석을 찾아봐도 히브리어 구문은 분명히 이렇게 해석하도록 기록되어 있는 것을 확인했습니다. 특별히 9절에서는 아론을 주어로 한, 능동태 문장이었습니다. 그런데 10절에 와서 갑자기 수동태로 바뀝니다. 그러니까 9절에서는 능동태 동사의 주어는 아론이고, 목적어는 염소가 되었습니다.

---

11) Ibid., 78-79.

> 레 16:9 아론은 여호와를 위하여 제비 뽑은 염소를 속죄제로 드리고

그런데 갑자기 10절에 와서 동사가 수동태로 바뀌면서 염소가 주어로 등장합니다. 다시 말하면 9절에서 목적어였던 염소가 10절에서 주어가 되는 것입니다. 여기서는 염소가 주어이기 때문에 이어지는 부정사 '레카페르'(속죄하기 위해서)의 주어도 염소로 보는 것이 더 자연스럽습니다. 그러니까 아사셀 염소가 주어가 되어서 그 염소가 아론을 속죄한다는 의미인 것입니다.

"염소가 아론을 위해 속죄하고……"

이것은 구약제사에 있어서 대표성의 원리로 볼 때 타당하고 합리적인 해석으로 볼 수 있습니다. 회중의 대표인 대제사장 아론이 아사셀 염소에게 두 손으로 안수하여 이스라엘 백성의 모든 죄를 전가시킵니다. 염소는 아론으로부터 백성들의 모든 죄를 전가받음으로써 그들의 죄를 짊어지게 됩니다. 그 염소가 대표성의 원리로 이스라엘의 모든 백성을 대표하는 아론을 속죄합니다. 즉, 아론이 이스라엘 백성을 대표로 해서 속죄를 받으면, 그것이 대표성의 원리로서 이스라엘 백성이 속죄를 받습니다.

이것은 신학적 관점으로 볼 때도 타당한 해석이 될 수도 있습니다. 쉽게 말하면 이런 얘기입니다. 아론이 주어가 되고 '알라이브'라는 전치사를 "…으로"라고 해석할 때, 아론이 염소로 백성을 속죄한다는 의미가 됩니다. 그런데 염소가 주어가 되면 그 염소가 이스라엘의 대표인 아론을 위해 속죄한다는 의미가 됩니다. 이것은 '알라이브'의 의미인 "…을 위해"에 잘 부합되는 해석입니다. 즉, 염소가 아론을 속죄할 때, 온 이스라엘 백성을 속죄 한다는 것입니다.

쉽게 이해가 안 돼도 좋습니다. 어차피 속죄의 주체는 아론도 아니고 염소도 아니기 때문입니다. 궁극적으로 속죄를 행하시는 분은 하나님이십니다. 하나님이 대표성의 원리에 의해 염소를 통하여 아론을 속죄하든 아니면 아론이 염소를 통해 백성을 속죄하든 그것을 행하는 분은 하나님이시기 때문입니다.

광야로 쫓겨나는 아사셀 염소

바로 이렇게 이스라엘 백성들의 모든 죄를 전가받고 짊어진 염소는 광야로 내어 쫓겨 갑니다. 모든 이스라엘 백성들의 죄를 짊어지고 말입니다. 이때 유대 전통에 의하면, 대제사장은 빨간 띠를 두 개로 나누어 하나는 아사셀 염소의 목에 묶어놓고 또 다른 하나는 성전에서 속죄제물로 죽임당할 염소에 묶어놓았다고 합니다. 그리고 하나님을 위한 염소가 성전에서 속죄제물로 드려지기 위해 죽임을 당할 때 그 띠를 성전 문 앞에 걸어 놓습니다.

광야로 내쫓김을 받은 아사셀 염소는 예루살렘 시내를 거쳐 유대 광야 쪽으로 내쫓깁니다. 그러면 광야로 쫓겨 가는 아사셀 염소를 바라보는 이스라엘 백성들은 이렇게 외칩니다.

"짊어져라 짊어져라. 우리의 죄를 짊어져라. 그리고 저 광야에 가서 맹수들에게 잡혀 먹든지 낭떠러지에 떨어져 죽어버려라."

이스라엘 백성들이 그 아사셀 염소를 바라보면서 불쌍하거나 측은하게 생각하면 안 됩니다. 오히려 그 아사셀 염소에게 온갖 욕을 다 퍼부어야 했습니다.

"이 저주받은 염소야, 이 더러운 염소야, 이 썩을놈의 염소야, 하나님의 저주를 받고 광야에 가서 뒈져버려라!"
 이렇게 말하며 회초리로 아사셀 염소를 때리고 돌을 던졌습니다. "에이! 저주받아 죽을 염소야, 피나 철철 흘리고 뒈져버려라!" 하며 아사셀 염소를 향하여 온갖 돌팔매질과 채찍질을 합니다. 그러면 아사셀 염소는 안 맞아 죽으려고 얼마나 절규를 하는지 모릅니다. "매에에에~ 매에에에~" 그래도 이스라엘 백성들은 막 돌팔매질을 하며 아사셀 염소를 괴롭혀야 했습니다.

아사셀 염소, 예수 그리스도의 모형

 바로, 이 아사셀 염소는 누구의 모습이었습니까? 먼 옛날 하나님의 아들 예수 그리스도가 오셔서 우리의 죄를 위하여 고난당하시고 수난당하시는 모습을 예표한 것이었습니다. 예수님께서 대제사장의 군병들에게 잡혀 얼마나 매를 맞고 고문을 당하셨습니까? 빌라도 법정에서 빌라도에 의해 죄인으로 사형선고를 받는 순간부터 로마 군병들에게 얼마나 많은 채찍을 맞으셨습니까?
 특별히 빌라도 군병들의 채찍 끝에는 납덩어리가 달려 있다고 하지 않았습니까? 그래서 예수님의 옷을 벗기고 납덩어리가 달린 그 가죽채찍으로 채찍질을 합니다. 그러면 예수님의 온몸은 살이 찢기고 터져서 피투성이가 되었습니다. 가죽채찍이 휙휙 소리를 내며 공중으로 치솟을 때마다 예수님은 얼마나 큰 고통을 느끼셨겠습니까? 바로, 이 예수님의 고통의 모습을 수천 년 전 아사셀 염소의 모습을 통해 미리 예표해 주었던 것입니다. 아사셀 염소가 음매~ 음매~ 우는 모습이 바로 우리 예수님께서 고통을 겪는 모습이었습니다.

그게 바로 누구를 위한 고통이었습니까? 우리 자신을 위한 고통이며, 여러분을 위해 받은 저주의 신음소리였습니다. 우리 예수님께서는 아무 죄가 없으셨지만 우리를 위해 이렇게 버림을 받으셨습니다. 우리를 위해 그 말할 수 없는 고초를 당하셨습니다. 예수님은 넘어지고 또 넘어졌지만 그래도 십자가를 지고 또 가야 합니다. 바로 이 길이 그 아사셀 염소로 오셨던 예수님이 가야 하는 '비아돌로로사'의 길이었습니다. 주님께서 걸어가신 그 고난의 길, 바로 비아돌로로사 말입니다.

♪ 주님 가신 길 십자가의 길 외롭고 무거웠던 길
　골고다의 거친 언덕길 지치신 주님의 모습
　오 나의 주님 용서하소서 죄인 위해 고난 받으셨네
　이 세상에 생명 주시길 그렇게도 원하셨던 길

이렇게 해서 아사셀 염소가 마침내 광야로 내쫓깁니다. 내쫓김 받으면서 아사셀 염소의 피 냄새가 진동합니다. 아니, 그 피 냄새는 바람을 타고 광야 이곳저곳으로 퍼집니다. 그러면 그 피 냄새를 맡고 사자나 곰이나 이리, 승냥이와 같은 맹수들이 다가옵니다. 결국 아사셀 염소는 이 맹수들의 먹잇감이 되고 맙니다.

그때 아사셀 염소가 안 죽으려고 얼마나 울어댔겠습니까? 결국 그는 온몸이 갈기갈기 찢겨서 맹수들의 먹잇감이 되어버리고 맙니다. 피도 한 방울 남기지 않고 맹수들이 핥아 먹어버리고 맙니다. 이렇게 해서 아사셀 염소는 당시 이스라엘 백성들의 모든 죄를 속죄해주었고, 또 동시에 앞으로 오실 예수 그리스도의 속죄사역의 예표요 모형이 되어 주었던 것입니다.

아, 빨간 띠가 하얀 띠로!

아사셀의 뒤를 따라갔던 제사장이 이 모습을 지켜본 후 예루살렘 거리로 돌아와 이렇게 외칩니다.

"여러분, 기뻐하십시오. 아사셀 염소가 죽었습니다. 아사셀 염소가 드디어 광야에서 죽었습니다."

그럴 때, 유대 전통에 의하면 성전 문 앞에 매달려 있던 빨간 띠가 하얀 띠로 바뀌어졌다는 것입니다. 이것은 바로 이스라엘 백성들의 죄가 아사셀 어린 양에 의해 용서를 받았다는 것을 뜻합니다. 그런 증거로 하나님께서 빨간 띠를 하얀 띠로 바꿔 놓은 것입니다. 그래서 하나님께서 이렇게 말씀하시지 않았습니까?

> 사 1:18 여호와께서 말씀하시되 오라 우리가 서로 변론하자 너희의 죄가 주홍 같을지라도 눈과 같이 희어질 것이요 진홍 같이 붉을지라도 양털 같이 희게 되리라

♪ 너희 죄 흉악하나 눈과 같이 희겠네
　너희 죄 흉악하나 눈과 같이 희겠네
　죄의 빛 흉악하나 희게 되리라
　주홍빛 같은 네 죄 주홍빛 같은 네 죄
　눈과 같이 희겠네 눈과 같이 희겠네

♪ 보혈을 지나 하나님 품으로
　보혈을 지나 아버지 품으로
　보혈을 지나 하나님 품으로
　한 걸음씩 나가네
　존귀한 주 보혈이 내 영을 새롭게 하시네
　존귀한 주 보혈이 내 영을 새롭게 하네

아사셀의 뜻에 대한 견해들[12]

　여기서 아사셀이란 말은 어떤 뜻을 가지고 있을까요? 두 마리 염소를 제비뽑을 때 하나는 "하나님을 위하여", 하나님을 위한다는 말은 우리가 금방 이해할 수 있습니다. 그런데 "아사셀을 위하여"라고 나올 때 도대체 아사셀이 어떤 의미를 가지고 있느냐는 말입니다.

　일반적으로 아사셀 염소라고 할 때 '아사셀'은 "다시는 돌아오지 못할 곳으로 보낸다"는 의미입니다. 즉 한번 속죄 받은 죄는 완전히 사함을 받는다는 말로 해석하고 있습니다. 그러나 이것은 의미상의 해석이고, 또 해석상의 의미라고 말할 수 있습니다. 그러나 이 '아사셀'의 단어적인 의미는 무엇이냐는 말입니다. 원래 '아사셀'이라고 하는 단어의 뜻이 있을 것 아니겠습니까? 여기에 대한 여러 주장과 견해가 있지만 크게 세 가지로 정리할 수 있습니다.

---

12) J. E. Hartley, "Atonement, Day of," in *Dictionary of the Old Testament Pentateuch*, eds. T. Desmond Alexander & David W. Baker (Downers Grove: InterVarsity Press, 2003), 54-61.

(1) 아사셀은 '아즈'(염소)와 '아잘'(떠나다)의 합성어라는 것입니다.

'아사셀'이라는 말은 "떠나는 염소"라는 것입니다. 그러나 이 주장은 어떻게 숫염소가 자기 스스로에게 보내지느냐는 문제를 야기시킵니다. 그래서 이 해석은 받아들이기가 곤란합니다.

(2) 아사셀을 하나님을 대적하는 인격체로 보아야 한다는 견해입니다.

이것은 밀그롬이나 하틀리 등 세계적인 레위기 학자들의 주장입니다. 어떤 것을 근거로 하느냐면, 8절과 9절에 나온 "여호와를 위하여"라는 구절과 대구되는 구절로, "아사셀을 위하여"라는 말은 하나님을 대적하는 인격체로 보아야 한다는 것입니다. 그러니까 아사셀이라는 말은 진 바깥 먼 곳, 혹은 악령들이 거하는 처소라는 것입니다. 따라서 밀그롬은 아사셀이 악령의 화석화된 이름이라고 주장합니다. 원래 옛날에 악령의 이름이 아사셀이었는데, 그 이름이 화석화되어 나타난 명칭이라고 주장하는 것입니다.

실제로 후대 유대 문학에서는 아사셀이 마귀의 이름으로 등장하는 경우도 있습니다. 에녹서 같은 외경에도, 아사셀이 마귀의 이름으로 등장합니다(에녹서 8:1; 9:1). 그러므로 아사셀을 위한 염소는 악령들이 거하고 악령들이 드글드글한 저 광야 끝으로 보내졌다는 말로 받아들여야 합니다. 그러나 이것을 잘못 해석하면, 오리겐이 주장했던 사탄 배상설로 귀결될 수 있습니다. 오리겐의 사탄 배상설이란 무엇입니까? 예수님이 우리를 위해 죄 값을 지불했지 않습니까? 전통적으로는 예수님이 하나님의 공의를 위하여 죄 값을 지불한 것인데 사탄에게 죄 값을 지불했다고 오리겐이 주장을 했습니다. 이것을 오리겐의 사탄 배상설이라고 합니다.

오리겐은 정말 유명한 교부이고, 삼위일체 교리를 확정하는 데 있어서 엄청난 공헌을 한 사람이지만, 이 사탄 배상설의 주장만큼은 이단으로 정죄를 받았습니다. 그러므로 이 해석을 무조건 받아들여서는 큰일 납니다. 왜냐하면 아사셀 염소가 예수 그리스도를 예표하는데, 아사셀 염소가 악령에게 보내졌다면 예수 그리스도께서도 사탄에게 우리의 죄 값을 지불한 것이나 마찬가지가 되어버리기 때문입니다. 물론 이 해석은 얼핏 보면 그럴 듯한 부분도 많이 있습니다. 왜냐하면 구약성경 자체도 광야를 마귀들이나 그와 유사한 피조물이 존재하는 것으로 간주하는 곳도 있기 때문입니다.

> 사 13:21 오직 들짐승들이 거기에 엎드리고 부르짖는 짐승이 그들의 가옥에 가득하며 타조가 거기에 깃들이며 들양이 거기에서 뛸 것이요

더구나 광야에 거하는 신이 염소의 모양을 가지고 있다고 보았기 때문에 아사셀이 광야의 마귀들 중 하나를 의미한다고 주장하기도 했습니다.

> 레 17:7 그들은 전에 음란하게 섬기던 숫염소에게 다시 제사하지 말 것이니라 이는 그들이 대대로 지킬 영원한 규례니라

광야에 거하는 마귀가 염소 모양이라고 하지 않습니까? 물론, 이 견해를 주장하는 자들은 아사셀 염소가 마귀에게 드려진 예물이

아니라고 못 박고 있습니다. 단지 아사셀 염소를 광야로 보내는 것은 죄의 본래의 주인인 사탄에게 죄를 돌려주는 행위로 이해를 합니다. 하여튼 일리가 있는 것은 사실이지만, 그러나 매우 조심스럽게 살펴보아야 하는 견해입니다.

(3) 아사셀이라고 하는 말이 바위가 많은 낭떠러지를 가리키는 광야의 한 장소의 이름이라는 견해입니다.

이는 아랍어의 어근인 거친 땅이라는 의미의 '아쟈주'에서 아사셀이 나왔다고 해석을 하는 것입니다. 특별히 이 견해를 주장하는 사람들은 레위기 16장 22절의 내용을 근거로 합니다.

> 레 16:22 염소가 그들의 모든 불의를 지고 접근하기 어려운 땅에 이르거든 그는 그 염소를 광야에 놓을지니라

여기 보면, 아사셀 염소가 모든 불의를 지고 접근하기 어려운 땅으로 보내라고 했지 않습니까? 바로 여기 "접근하기 어려운 땅"이라는 말이 히브리 말로 '에레츠 케제라'라고 표현하고 있는데, 바로 이 말은 "분리된 땅"이라는 말입니다. 그런데 이 견해를 그대로 따르면 문자적 해석이 어색합니다. "라 아사셀" 할 때, "라"라고 하는 전치사는 "…을 위하여"라는 뜻입니다. 그러면 "분리된 땅을 위하여"라는 말이 됩니다. 그러니까 말이 안 됩니다.

그러나 이것을 융통성 있게 번역하기 위하여, "라"라고 하는 전치사를 "…을 위하여"라고 번역하지 않고 "…을 향하여" 또는 "…으로"라고 번역을 합니다. 그래서 "아사셀을 향하여" 혹은 "아사

셀 쪽으로" 내보내는 것으로 번역합니다. 그러므로 이 해석도 조금은 문제가 있다고 할 수 있습니다. 분명히 성경은 대구를 이루는데, 8절과 9절에서 "하나님을 위하여"라고 했으면 여기서도 "아사셀을 위하여"라고 번역을 해야 하지 않겠습니까?

그러므로 신학적인 문제만 없다면, 즉 오리겐의 사탄 배상설로 귀결되지만 않는다면 두 번째 해석이 문맥적으로는 정확하다고 볼 수 있겠지만, 그러면 신학적으로 문제가 됩니다. 따라서 신학적으로야 세 번째 견해가 무난하다고 할 것입니다. 이렇게 아사셀에 대한 단어적 의미를 밝히는 데 있어서 여러 가지 견해가 있는 것은 사실이지만, 그럼에도 불구하고 아사셀 염소는 다시는 돌아오지 못할 곳으로 보내졌던 것만은 사실입니다. 그리고 그 아사셀 염소는 당시 모든 이스라엘 백성들의 죄를 집약적이고 총체적으로 전가 받았습니다.

또한 그 총체적인 죄를 짊어지고 다시는 돌아오지 못할 광야로 쫓겨나갔던 것도 분명합니다. 그래서 광야에 가서 짐승에게 찢겨져 죽임을 당하든 아니면 저 바위 낭떠러지에서 떨어져 죽든 간에 이스라엘 모든 백성들의 죄를 속죄했던 것만은 사실입니다. 따라서 이 아사셀 염소 역시 속죄제의 제물이었다는 사실을 알아야 합니다. 하나님을 위하여 성전에서 죽임을 당한 황소나 염소만 속죄제물이 아니었습니다. 바로, 아사셀 염소도 하나님의 속죄제물이 되어 광야로 쫓겨났던 것입니다.

그래서 유명한 레위기 학자인 기우치라는 사람은 아사셀 염소를 변형된 속죄제라고 표현하기도 했습니다. 성전에서 태워서 드렸던 속죄제의 변형이라고 표현하기도 했습니다. 그렇게 주장하는 근거가 있습니다.

> 레 16:26 염소를 아사셀에게 보낸 자는 그의 옷을 빨고 물로 그의 몸을 씻은 후에 진영에 들어갈 것이며

광야 저 끝 도저히 염소가 접근할 수 없는 광야 끝으로 아사셀 염소를 보낸 제사장도 진영에 들어오기 위해서는 옷을 빨고 물로 그의 몸을 씻은 후에 들어오라고 했습니다. 이것은 속죄제 제물을 진영 바깥에 태우고 온 제사장과 동일하게 행했던 행동이었습니다.

> 레16:27-28 속죄제 수송아지와 속죄제 염소의 피를 성소로 들여다가 속죄하였은즉 그 가죽과 고기와 똥을 밖으로 내다가 불사를 것이요 불사른 자는 그의 옷을 빨고 물로 그의 몸을 씻은 후에 진영에 들어갈지니라

성전에서 드렸던 남은 속죄제의 제물을 진영 바깥에다가 태우고 온 제사장 역시 몸을 씻고 진영으로 들어오지 않습니까? 왜냐하면 몸이 부정해졌기 때문입니다. 이 말이 무슨 의미입니까? 아사셀 염소도 속죄제라는 증거가 된다는 말입니다. 그러니까 성전에서 드려진 속죄제는 하나님 앞에 죽임을 당한 속죄제였지만, 아사셀 염소는 산 채로 광야에 내쫓겨서 죽임을 당한 변형된 속죄제제물이었다는 것입니다. 아사셀 염소가 하나님께 속죄제물로 드려졌기에 이스라엘의 모든 죄를 속죄했을 것 아닙니까? 그런데 이것은 먼 훗날 속죄제를 완성하실 예수 그리스도의 모형이었던 것입니다.

세례 요한이 외쳤던 어린양의 이미지

예수 그리스도께서 이 땅에 오셨을 때 세례 요한은 그를 가리켜 세상 죄를 지고 가는 하나님의 어린 양이라고 하였습니다.

요 1:29 이튿날 요한이 예수께서 자기에게 나아오심을 보고 이르되 보라 세상 죄를 지고 가는 하나님의 어린 양이로다

여기에는 두 가지 이미지가 혼합되어 있습니다.

(1) 유월절 양이 떠오릅니다.
분명히 세례 요한은 어린양이라고 했지 염소라고 하지 않았습니다. 그러므로 예수님은 유월절 어린 양으로 오셔서 유월절에 죽으신 것입니다. 그리고 계시록에도 하나님의 보좌 앞에서 영원히 어린 양으로 계시다고 표현하지 않습니까? 예수 그리스도야말로 천국에서 영원히 우리의 중보자로 계신다는 말입니다.

계 21:22 성 안에서 내가 성전을 보지 못하였으니 이는 주 하나님 곧 전능하신 이와 및 어린 양이 그 성전이심이라

(2) 아사셀 염소의 이미지를 보여주고 있습니다.
분명히 예수님을 염소라고 표현하지 않고 어린양으로 표현한 것은 사실입니다. 그러나 표현은 양이지만 "세상 죄를 지고 가는"이란 표현에서 아사셀 염소의 이미지가 떠오른단 말입니다. 그 이

미지대로 예수님은 아사셀 염소가 되어서 세상 죄를 짊어지고 가시지 않았습니까? 실제로 예수님은 십자가를 지고 성문 밖으로 나가셨습니다. 거기서 십자가에서 죽으셨습니다. 그리고 마침내 우리의 속죄를 완성해 주셨습니다. 그래서 히브리서 기자는 이렇게 말씀하고 있습니다.

> 히 13:11-12 이는 죄를 위한 짐승의 피는 대제사장이 가지고 성소에 들어가고 그 육체는 영문 밖에서 불사름이라 그러므로 예수도 자기 피로써 백성을 거룩하게 하려고 성문 밖에서 고난을 받으셨느니라

이렇게 신약에 와서 예수 그리스도를 통해 위대한 속죄가 완성되었지만, 구약에서는 모형적으로 대속죄일에 이런 엄청난 속죄의 역사가 이루어졌습니다. 바로 이날 구약 백성들에게는 모든 죄가 다 속해졌습니다. 일반 속죄제로는 용서받을 수 없는 어떠한 악행 죄도 다 속죄가 된 것입니다. 즉결처분 받아야 했지만 대속죄일까지 유예된 모든 죄가 다 용서를 받았단 말입니다.

그 어떤 고의적인 죄나 악행, 불의, 모든 반역죄들이 용서를 받았습니다. 그렇게 해서 개인의 죄뿐만 아니라 전 국가적인 속죄가 이루어졌습니다. 대대적으로 전 민족적인 속죄가 이루어졌다는 것입니다. 그렇게 해서 온 이스라엘이 정화되고 거룩이 회복되었습니다. 그야말로 집합적인 거룩, 또 총체적인 거룩이 회복된 것입니다. 그러므로 이 날은 얼마나 기쁜 날이고, 복된 날이겠습니까? 얼마나 복된 날이고, 얼마나 환희의 날이겠습니까?

이스라엘에는 50년 만에 한 번씩 돌아오는 희년이라는 제도가

있었는데, 50년 만에 돌아오는 희년도 대속죄일에 시작되었습니다. 바로 그 희년이 되면 모든 팔아먹었던 땅이나 빼앗겼던 땅을 다시 되찾게 됩니다. 그리고 모든 빚과 부채가 저절로 탕감됩니다. 뿐만 아니라 노예로 끌려갔거나 잡혀갔던 사람들이 다 자유인이 되었습니다. 그런데 이 위대한 희년의 축복이 바로 대속죄일, 특수 속죄제를 드리는 7월 10일에 시작됩니다. 이날 아침 양각나팔이 쫙~ 불려지면, 이런 위대한 역사가 나타난다는 말입니다. 그러므로 대속죄일이야말로 참으로 기쁜 날이고 복된 날입니다.

> ♪ 주의 속죄 받은 그날 참 기쁘고 복되도다
> 이 기쁜 맘 못 이겨서 온 세상에 전하노라
> 기쁜 날 기쁜 날 주 나의 죄 다 씻은 날
> 늘 깨어서 기도하고 늘 기쁘게 살아가리
> 기쁜 날 기쁜 날 주 나의 죄 다 씻은 날

이렇게 속죄가 이루어질 때, 거룩이 회복됩니다. 속죄와 함께 온 이스라엘이 정화되고 총체적인 거룩이 회복됩니다. 그래서 이스라엘 백성들은 이날부터 다시 거룩한 백성으로 살아갑니다. 그의 삶의 현장에서 거룩을 방사하고 방출하는 거룩한 백성으로 살아갑니다.

그럼에도 불구하고 이것은 모형적이고 예표적인 축복에 불과했습니다. 이 속죄의 완성과 거룩의 회복은 예수 그리스도를 통해서 신약에 와서 완전하게 성취된 것입니다. 그러므로 오늘날 우리는 예수 그리스도의 속죄의 은총으로 말미암아 온전하고 흠이 없는 거룩한 백성이 된 것입니다. 그래서 신약성경은 우리를 거룩한 성도라고 호칭하고 있습니다.

> 고전 1:2 고린도에 있는 하나님의 교회 곧 그리스도 예수 안에서 거룩하여지고 성도라 부르심을 받은 자들과……

> 골 1:2 골로새에 있는 성도들 곧 그리스도 안에서 신실한 형제들에게 편지하노니……

그뿐입니까? 신약성경은 우리를 거룩한 백성이요, 거룩한 나라라고 표현하고 있지 않습니까?

> 벧전 2:10 너희가 전에는 백성이 아니더니 이제는 하나님의 백성이요 전에는 긍휼을 얻지 못하였더니 이제는 긍휼을 얻은 자니라

그러므로 얼마나 감사합니까? 얼마나 우리가 복을 받은 사람입니까? 물론 이 모든 축복이 우리의 회개를 통해서 이루어지고 누리게 됩니다. 오늘날 이처럼 예수 그리스도의 완전 속죄로 말미암아 우리가 참된 성도가 되고 거룩한 백성과 나라가 되었습니다. 그러나 완전한 공동체적 거룩을 회복하기 위해서는 우리가 더 알아야 하고 해야 할 일들이 있습니다. 아직까지는 부분적인 속죄와 부분적인 거룩만 회복되었다고 할 수 있기 때문입니다.

그러므로 이스라엘 백성들도 여기에 머물러서는 안 됩니다. 이제 참된 거룩이요, 집약적이고 집합적인 완전한 거룩을 회복해야

하기 때문입니다. 이것 또한 대속죄일에 지는 것인데, 그러면 도대체 참된 거룩이 무엇입니까? 완전하고, 집약적이고, 총체적인 거룩이 무엇이냐는 말입니다. 그리고 그것을 어떻게 회복하느냐는 말입니다. 정말 중요한 말입니다.

다음 장부터는 신약적이고 교회론적인 적용을 통하여 한국교회와 성도들의 현실에 실용적으로 적용할 수 있는 말씀이 전개됩니다.

♪ 내 영혼이 은총 입어 중한 죄짐 벗고 보니
　슬픔 많은 이 세상도 천국으로 화하도다

　후렴) 할렐루야 찬양하세 내 모든 죄 사함 받고
　　　주 예수와 동행하니 그 어디나 하늘나라

4. 완전한 거룩을 회복하라

"아론은 자기를 위한 속죄제의 수송아지를 드리되 자기와 집안을 위하여 속죄하고 자기를 위한 그 속죄제 수송아지를 잡고 향로를 가져다가 여호와 앞 제단 위에서 피운 불을 그것에 채우고 또 곱게 간 향기로운 향을 두 손에 채워 가지고 휘장 안에 들어가서 여호와 앞에서 분향하여 향연으로 증거궤 위 속죄소를 가리게 할지니 그리하면 그가 죽지 아니할 것이며 그는 또 수송아지의 피를 가져다가 손가락으로 속죄소 동쪽에 뿌리고 또 손가락으로 그 피를 속죄소 앞에 일곱 번 뿌릴 것이며 또 백성을 위한 속죄제 염소를 잡아 그 피를 가지고 휘장 안에 들어가서 그 수송아지 피로 행함 같이 그 피로 행하여 속죄소 위와 속죄소 앞에 뿌릴지니 곧 이스라엘 자손의 부정과 그들이 범한 모든 죄로 말미암아 지성소를 위하여 속죄하고 또 그들의 부정한 중에 있는 회막을 위하여 그같이 할 것이요 그가 지성소에 속죄하러 들어가서 자기와 그의 집안과 이스라엘 온 회중을 위하여 속죄하고 나오기까지는 누구든지 회막에 있지 못할 것이며 그는 여호와 앞 제단으로 나와서 그것을 위하여 속죄할지니 곧 그 수송아지의 피와 염소의 피를 가져다가 제단 귀퉁이 뿔들에 바르고 또 손가락으로 그 피를 그 위에 일곱 번 뿌려 이스라엘 자손의 부정에서 제단을 성결하게 할 것이요" (레 16:11-19).

우리가 거룩을 회복하기 위해서는 속죄부터 받아야 합니다. 그래야 거룩을 회복할 수 있다고 하지 않았습니까? 그러나 우리가 아무리 개인적인 거룩을 회복한다 할지라도 그 거룩은 완전한 거룩이 될 수 없습니다. 결단코 참된 거룩이 될 수 없습니다. 우리는 지금까지 거룩을 개인적인 것으로만 생각해 왔습니다. 그래서 우리는 개인적으로 경건하고 나만 거룩한 삶을 살면 그것이 거룩이라고 착각을 해 왔습니다. 그러나 천만의 말씀입니다. 거룩은 반드시 공동체적이어야 하고 집약적이고 집합적이어야 합니다.

레위기를 보면 속죄도 항상 성소의 정화와 함께 병행되었고 거룩의 회복도 성소의 정결 작업과 함께 이루어졌다는 사실을 역력하게 보여주고 있습니다. 그래서 속죄제를 드릴 때 짐승의 피를 제사드리는 사람에게 뿌리지 않았습니다. 제사장은 속죄제의 피를 제사드리는 사람에게 뿌리지 않고 바로 성소에다가 뿌렸다는 사실입니다.

물론 일반 속죄제 때는 번제단에 뿌렸습니다. 그리고 일반 속죄제라 할지라도 대제사장이 범죄하였거나 회중 전체가 범죄하였을 때는 그 피를 성소 안으로 가지고 가서 뿌렸습니다. 다시 말하면 성소 앞 향단에 속죄제의 피를 뿌린 것입니다.

레 4:27-30 만일 평민의 한 사람이 여호와의 계명 중 하나라도 부지중에 범하여 허물이 있었는데 그가 범한 죄를 누가 그에게 깨우쳐 주면 그는 흠 없는 암염소를 끌고 와서 그 범한 죄로 말미암아 그것을 예물로 삼아 그 속죄제물의 머리에 안수하고 그 제물을 번제물을 잡는 곳에서 잡을 것이요 제사장은 손가락으로 그 피를 찍어 번제단 뿔들에

바르고 그 피 전부를 제단 밑에 쏟고

레 4:5-7 기름 부음을 받은 제사장은 그 수송아지의 피를 가지고 회막에 들어가서 그 제사장이 손가락에 그 피를 찍어 여호와 앞 곧 성소의 휘장 앞에 일곱 번 뿌릴 것이며 제사장은 또 그 피를 여호와 앞 곧 회막 안 향단 뿔들에 바르고 그 송아지의 피 전부를 회막 문 앞 번제단 밑에 쏟을 것이며

그러면 왜 제사장은 속죄제의 피를 제례자에게 뿌리지 않고 번제단에 뿌리거나 성소의 향단에 뿌렸습니까? 바로 제단이 오염되었기 때문입니다. 오염된 제단을 정결케 하고 닦아내고 씻어내기 위해서였습니다.

레 8:15 모세가 잡고 그 피를 가져다가 손가락으로 그 피를 제단의 네 귀퉁이 뿔에 발라 제단을 깨끗하게 하고 그 피는 제단 밑에 쏟아 제단을 속하여 거룩하게 하고

레 16:19 또 손가락으로 그 피를 그 위에 일곱 번 뿌려 이스라엘 자손의 부정에서 제단을 성결하게 할 것이요

여기서 성소의 제단을 속죄한다는 말은 무슨 뜻일까요? 왜 거룩하고 정결한 제단을 속죄해야 한다는 말입니까? 그것은 바로 앞에서도 말씀드린 것처럼 제단이 오염되었고 부정이 틈탔기 때문입니다. 그래서 그 오염된 제단을 세척하고 부정결한 성소를 정화해야

했습니다. 그래야 참된 거룩이 회복되었습니다.

성소 오염에 대한 밀그롬의 주장

문제는 왜 그렇게 정결하고 거룩한 성소가 오염이 되었느냐는 것입니다. 도대체 모세가 하나님의 성막을 다 건축해 놓고 이미 정결하게 하고 성결하게 하지 않았습니까? 그런데 왜 그런 정결하고 거룩한 하나님의 성전이 오염될 수 있단 말입니까? 여기에 대해서 성경신학자들이 큰 관심을 갖지 않았습니다.

"아, 그냥 하나님의 성전이 오염됐나 보구나, 의례적으로 하나님의 성전 정화작업을 했나 보구나."

이렇게 대충 넘어갔습니다. 그러니까 이러한 구절을 깊이 생각하지 못하고 성전 정화 사역에 큰 의문을 제기하지 못했습니다.

그런데 유대 랍비 출신인 유명한 구약학자 밀그롬에 의해서 바로 이러한 의문이 제기되었습니다.

"왜 하나님의 성전이 오염이 된단 말인가? 어떨 때, 무슨 이유로 하나님의 거룩한 성전이 부정결하게 된단 말인가?"

그것은 이스라엘 백성들이 죄를 범할 때 하나님의 성소가 오염이 되었다는 것입니다. 그들이 범죄하거나 심각한 부정을 저질렀을 때 하나님의 성전도 함께 오염이 되었다는 말입니다. 그리고 성전이 오염되면 모든 공동체까지 부정결이 파급이 되었습니다.

레 16:16 곧 이스라엘 자손의 부정과 그들이 범한 모든 죄로 말미암아 지성소를 위하여 속죄하고 또 그들의 부정한 중에 있는 회막을 위하여

그같이 할 것이요

레 20:3 나도 그 사람에게 진노하여 그를 그의 백성 중에서 끊으리니 이는 그가 그의 자식을 몰렉에게 주어서 내 성소를 더럽히고 내 성호를 욕되게 하였음이라

사실 성전 오염은 레위기에서만 언급하고 있는 것은 아니었습니다. 에덴동산에서도 그랬지 않습니까? 에덴동산은 최초의 낙원이고 성전이었습니다. 그런데 아담이 선악과를 따 먹었고 아담의 그 불순종으로 인해 에덴동산까지도 상처를 받고 죄로 오염되었습니다. 그래서 하나님의 나라가 중단이 되었습니다. 물론 예수 그리스도를 통해서 다시 하나님의 나라가 재개되었습니다만 말입니다.

또 성경은 아간의 사건을 소개해 주고 있습니다. 여호수아서를 보면 아간 한 사람이 죄를 범할 때 온 이스라엘 공동체가 오염이 된다는 사실을 가르쳐 주고 있지 않습니까? 그래서 아간을 눈물을 머금고 처단했습니다. 바로 이것은 이스라엘의 집합적 인격체 사상 때문이었습니다.

성전 오염의 과정

레위기에 와서 성전 오염과 정화에 대한 부분을 아주 구체적으로 말해주고 있습니다. 이스라엘 백성이 죄를 범하면 성전이 오염된다는 것입니다. 그리고 성전이 오염되면 모든 이스라엘 공동체까지 오염되고 부정결하게 된다는 것입니다. 그러니까 이 성전 오

염과 부정결을 씻어내기 위해서 속죄제의 제물의 피를 제단에 뿌리고 향단에 뿌리고 지성소에 뿌렸다는 것입니다. 이러한 해석의 논리를 최초로 주장했던 학자가 밀그롬이었습니다.

많은 성경신학자들이 밀그롬을 비판했고, 밀그롬의 해석을 끝없이 반박했습니다.

"어떻게 성전이 오염될 수 있느냐, 그리고 속죄제는 속죄제를 드리는 사람의 죄를 속하는 것이지 성전의 속죄나 성전의 정화와는 무관하다."

많은 학자들이 그런 논리로 반박했지만 그 반박은 성경적으로 빈약했습니다. 그래서 밀그롬 이후에 스클라, 기우치라는 신학자를 거쳐서 지금은 개혁신학자들도 이러한 해석을 받아들이고 있습니다. 당연히 성경에 나와 있는 내용이기 때문입니다.

특별히 저에게 레위기의 거룩에 대한 부분을 사적으로 가르쳐 준 김경열 박사(남아공 선교사)가 이러한 개혁신학적인 해석과 논리를 체계화시켜서 박사학위를 받았습니다. 성전 오염에 대한 과정을 도표로 설명하면 다음과 같습니다.

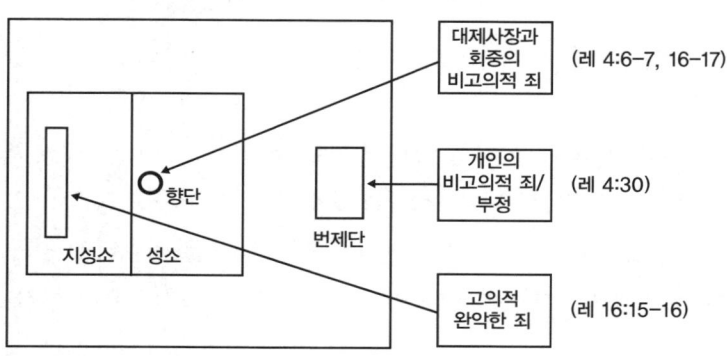

〈도표 1〉 죄와 부정결에 의한 성소(성막) 오염[13]

이러한 성경 이론에 근거해서 이스라엘에는 하나의 전승이 있습니다. 바로 백성들이 죄를 범하면 제단이 운다는 것입니다.[14] 아무도 보지 않는 곳에서, 누구도 모르는 범죄를 한다 하더라도 제단이 알고 운다는 것입니다. 왜냐면 제단이 오염되기 때문입니다. 그래서 앞에서 말씀드린 것처럼 대제사장과 백성이 죄를 지으면 속죄제의 피를 향단에 뿌렸습니다. 그 죄는 비고의적인 죄여야 했습니다. 고의적인 죄는 일반 속죄제 가지고도 용서가 될 수 없다고 하지 않았습니까?

> 레 4:13-14상 만일 이스라엘 온 회중이 여호와의 계명 중 하나라도 부지중에 범하여 허물이 있으나 스스로 깨닫지 못하다가 그 범한 죄를 깨달으면 회중은 수송아지를 속죄제로 드릴지니
> 레 4:16-17 기름 부음을 받은 제사장은 그 수송아지의 피를 가지고 회막에 들어가서 그 제사장이 손가락으로 그 피를 찍어 여호와 앞, 휘장 앞에 일곱 번 뿌릴 것이며

그런데 비고의적인 죄가 아니라 아주 완악하거나 고의적인 반역죄 등은 짐승의 피를 속죄소까지 가져가서 뿌려야 했습니다. 물론 이것은 대속죄일에만 가능한 일이었습니다. 다시 말하면 특수 속죄제의 피만 지성소에 가지고 갔던 것입니다. 1년에 단 한 번씩만 말입니다.

---

13) Jacob Milgrom, *Leviticus 1-16: A New Translation with Introduction and Commentary* (New Haven: Yale University Press, 1991), 258.
14) 인간의 죄와 성소의 오염에 대해서는 다음을 참조하라. Ibid. 258, 59.

레 16:15-16 또 백성을 위한 속죄제 염소를 잡아 그 피를 가지고 휘장 안에 들어가서 그 수송아지 피로 행함 같이 그 피로 행하여 속죄소 위와 속죄소 앞에 뿌릴지니 곧 **이스라엘 자손의 부정과 그들이 범한 모든 죄로** 말미암아 지성소를 위하여 속죄하고 또 그들의 부정한 중에 있는 회막을 위하여 그같이 할 것이요

그런데 속죄제를 드리지 않거나 죄가 속죄되지 않으면 성소에 부정결이 더 악화되게 되었습니다. 그러면 번제단에 뿌려야 할 피가 향단으로 가고 향단에 뿌려야 할 피가 지성소까지 가서 뿌려져야 했습니다. 다시 말하면 오염과 부정결의 심각성이 더 크게 되었다는 것입니다. 이것을 도표로 설명하면 다음과 같습니다.

〈도표 2〉 죄와 부정결의 악화[15]

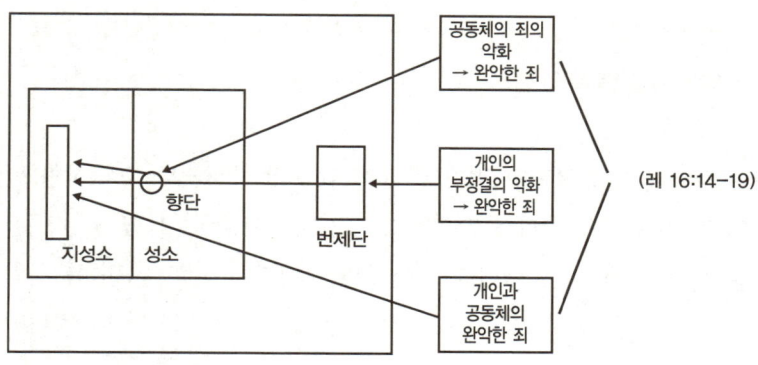

---

15) Gyung Yul Kim, "The *hattat* ritual and the Day of Atonement in the Book of Leviticus," (Ph.D. diss, University of Pretoria, 2013), 252.

레 16:14-19 그는 또 수송아지의 피를 가져다가 손가락으로 속죄소 동쪽에 뿌리고 또 손가락으로 그 피를 속죄소 앞에 일곱 번 뿌릴 것이며 또 백성을 위한 속죄제 염소를 잡아 그 피를 가지고 휘장 안에 들어가서 그 수송아지 피로 행함 같이 그 피로 행하여 속죄소 위와 속죄소 앞에 뿌릴지니 곧 이스라엘 자손의 부정과 그들이 범한 모든 죄로 말미암아 지성소를 위하여 속죄하고 또 그들의 부정한 중에 있는 회막을 위하여 그같이 할 것이요 그가 지성소에 속죄하러 들어가서 자기와 그의 집안과 이스라엘 온 회중을 위하여 속죄하고 나오기까지는 누구든지 회막에 있지 못할 것이며 그는 여호와 앞 제단으로 나와서 그것을 위하여 속죄할지니 곧 그 수송아지의 피와 염소의 피를 가져다가 제단 귀퉁이 뿔들에 바르고 또 손가락으로 그 피를 그 위에 일곱 번 뿌려 이스라엘 자손의 부정에서 제단을 성결하게 할 것이요

그러므로 이스라엘 백성들은 죄를 지으면 그때그때 회개해야 했습니다. 이스라엘 백성들뿐만 아니라 제사장도 마찬가지입니다. 그때그때 회개하지 않고 죄를 모아두면 죄가 더 심각해지고 치명적이 되었습니다. 이것은 오늘 우리도 마찬가지입니다. 죄를 모아두면 안 됩니다. 모아서 한꺼번에 회개하려고 하면 그 죄의 오염과 파괴력이 얼마나 더 심각하게 커지는지 모릅니다. 그래서 나중에는 회개하기도 어려울 때가 있습니다. 그러니까 우리가 죄를 지으면 그때그때 깨달을 때마다 참회하고 회개하는 것이 필요합니다.

아예 습관을 들이는 것이 좋습니다. 말로만 회개하지 말고 마음의 가책이 커질 때는 조그마한 속죄의 예물, 회개의 예물을 드리면서 그때그때 회개하는 것이 얼마나 좋은지 모릅니다. 말씀을 들으

며 회개하고 기도하며 회개하고 찬송을 부르며 회개해야 합니다.

♪ 나 행한 것 죄뿐이니 주 예수께 비옵기는
　나의 몸과 나의 맘을 깨끗하게 하옵소서

　내 어둔 눈 밝히시니 참 기쁘고 고마우나
　그보다 더 원하오니 정결한 맘 주옵소서

　(후렴) 물 가지고 날 씻든지 불 가지고 태우든지
　　내 안과 밖 다 닦으사 내 모든 죄 멸하소서

이스라엘의 범죄와 성전 오염의 연관성

그러면 왜 이스라엘 백성들이 죄를 짓는다고 해서 성전을 오염시키고 부정결하게 한단 말입니까? 개인의 죄는 개인의 죄일 뿐인데 왜 개인이 죄를 짓는다고 성전을 오염시키느냔 말입니다. 아주 중요한 문제입니다. 이걸 우리가 정말 잘 깨달아야 합니다. 그 이유가 무엇인 줄 아십니까? 바로 이스라엘 백성들은 하나님과 피로 맺은 성전 공동체였기 때문입니다. 이스라엘 백성들은 피로 맺은 공동체였기 때문에 하나님의 성전과는 떼려야 뗄 수 없는 관계였습니다. 바로 그 이야기가 출애굽기 24장에 소개되어 있습니다.

출 24:1-8 또 모세에게 이르시되 너는 아론과 나답과 아비후와 이스라엘 장로 칠십 명과 함께 여호와께로 올라와 멀리서 경배하고 너 모세만 여호와께 가까이 나아오고 그들은 가까이 나아오지 말며 백성은 너와 함께 올라오지 말지니라 모세가 와서 여호와의 모든 말씀과 그의 모든 율례를 백성에게 전하매 그들이 한 소리로 응답하여 이르되 여호와께서 말씀하신 모든 것을 우리가 준행하리이다 모세가 여호와의 모든 말씀을 기록하고 이른 아침에 일어나 산 아래에 제단을 쌓고 이스라엘 열두 지파대로 열두 기둥을 세우고 이스라엘 자손의 청년들을 보내어 여호와께 소로 번제와 화목제를 드리게 하고 모세가 피를 가지고 반은 여러 양푼에 담고 반은 제단에 뿌리고 언약서를 가져다가 백성에게 낭독하여 듣게 하니 그들이 이르되 여호와의 모든 말씀을 우리가 준행하리이다 모세가 그 피를 가지고 백성에게 뿌리며 이르되 이는 여호와께서 이 모든 말씀에 대하여 너희와 세우신 언약의 피니라

모세가 이스라엘 백성들에게 하나님의 말씀을 전합니다. 그 말씀에 이스라엘 백성들이 응답을 합니다.

"아, 모세여, 우리가 당신이 전한 하나님의 말씀대로 살겠습니다. 우리는 언제나 하나님의 말씀대로 순종하며 살겠습니다."

그러자 모세가 이스라엘 백성들 앞에 제단을 쌓고 제사를 드립니다. 그런데 그 제물의 피의 절반을 제단에 뿌리고 언약서를 가져다가 백성들에게 낭독합니다. 그리고 남은 절반의 피를 백성들을 향하여 뿌립니다. 그러면서 모세가 말합니다.

"이는 하나님께서 너희와 세우신 언약의 피니라……"

이렇게 해서 이스라엘 백성들은 하나님과 피로 맺은 성전의 공동체를 이루었습니다. 왜냐하면 원래 시내 산은 성전의 이미지요, 성소의 모형이었습니다. 거기서 하나님이 이스라엘과 피로 맺은

언약 공동체요, 성전 공동체를 이루었습니다. 그런 후에 하나님은 모세에게 어떤 계시를 주셨습니까? 바로 성막 건축을 명령하시고 성막 건축에 대한 계시를 주셨습니다. 그리고 나서 모세로 하여금 그 성막을 광야에 세우게 하였고 바로 그 성막을 중심으로 해서 모든 이스라엘의 열두 지파의 진영을 치도록 했습니다.

그때부터 이스라엘 백성들은 하나님과 피로 맺은 성막 공동체를 이루게 되었습니다. 따라서 이렇게 피로 맺은 성전 공동체가 된 이스라엘 백성들은 개인적으로 죄를 지어도 그 죄는 개인의 죄로 끝나는 것이 아닙니다. 어떤 사람이 죄를 범하면 하나님의 언약 안에서 그 죄 때문에 성전도 오염이 되게 되었습니다. 그러니까 죄를 범한 사람은 개인의 속죄와 더불어 자신의 죄로 말미암아 오염된 성전까지 정화해야 했습니다. 바로 그렇게 성전이 청결해지고 씻음을 받게 될 때 비로소 그 백성 개개인도 정화가 되고 거룩을 회복할 수 있게 되었습니다. 이것을 도표로 설명하면 다음과 같습니다.

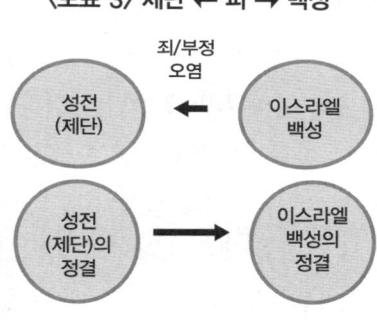

〈도표 3〉 제단 ← 피 → 백성[16]

---

16) 김경열.

그렇기 때문에 반드시 이스라엘 백성들은 속죄제를 드려야 했습니다. 그 속죄제의 피가 백성들의 죄를 속죄하고 제단을 정화시켜 주었기 때문입니다. 그리고 제단이 정화될 때 백성도 비로소 성화되고 거룩하게 되었습니다.

이것을 도표로 설명하면 다음과 같습니다.

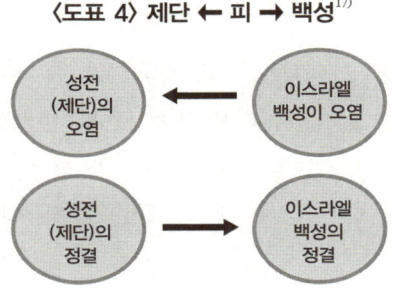

〈도표 4〉 제단 ← 피 → 백성[17]

참된 거룩의 교회론적 이해

오늘 우리는 참된 거룩이란 반드시 언약 안에서 존재하는 것이고 또 공동체적으로 이루어야 한다는 것을 알아야 합니다. 오늘날로 말하면 참된 거룩은 교회론적으로 이해를 하고 이루어야 한다는 것입니다. 오늘날의 교회도 예수님의 피로 맺은 언약 공동체입니다. 다시 말하면 오늘의 교회 역시 성도 개개인이 주님의 지체가 되어 몸 된 교회를 이룬 성전 공동체가 되었습니다.

고전 12:12-14 몸은 하나인데 많은 지체가 있고 몸의 지체가 많으나

---

17) 김경열.

한 몸임과 같이 그리스도도 그러하니라 우리가 유대인이나 헬라인이나 종이나 자유인이나 다 한 성령으로 세례를 받아 한 몸이 되었고 또 다 한 성령을 마시게 하셨느니라 몸은 한 지체뿐만 아니요 여럿이니

그뿐입니까? 또한 몸 된 교회의 지체들도 각자 성전 역할을 합니다.

고전 3:16-17 너희는 너희가 하나님의 성전인 것과 하나님의 성령이 너희 안에 계시는 것을 알지 못하느냐 누구든지 하나님의 성전을 더럽히면 하나님이 그 사람을 멸하시리라 하나님의 성전은 거룩하니 너희도 그러하니라

바로 이러한 몸 된 교회의 지체들이 모여서 다시 그리스도의 거룩한 교회를 이루었습니다.

고전 12:27 너희는 그리스도의 몸이요 지체의 각 부분이라

엡 1:23 교회는 그의 몸이니 만물 안에서 만물을 충만하게 하시는 이의 충만함이니라

오늘날도 성도와 교회는 떼려야 뗄 수 없는 피로 맺은 언약 공동체요, 피로 맺은 유기적 생명 공동체입니다. 그러기 때문에 오늘날도 우리 개개인의 죄가 교회 공동체를 오염시키고 주님의 몸 된 교회를 부정케 할 수 있다는 사실입니다. 그러므로 우리 성도들 역

시 내 죄를 개인적으로만 자복하고 회개를 해서는 안 됩니다. 내가 지은 죄를 나 혼자 회개하고 속죄의 은혜를 입는 것도 중요하지만 내 죄와 악행 때문에 영적으로 오염된 교회가 함께 정화되고 씻어져야 참된 거룩이 회복되고 진정한 성화를 이루게 된다는 사실을 알아야 합니다. 바로 이것이 참된 거룩이고 완전한 거룩이기 때문입니다.

다시 말씀드리면, 참된 거룩 혹은 완전한 거룩은 내 개인의 회개와 경건한 삶으로만 이루어지는 것이 아닙니다. 나 혼자 경건하게 살고 나 혼자 회개하고 자복한다고 해서 완전한 속죄가 이루어지고 참된 거룩이 회복되는 것이 아닙니다. 구약의 용어로 말하면 제단 정결과 함께, 아니 신약적인 표현으로 이야기한다면 교회의 정결과 함께, 나의 거룩이 회복되어야 합니다.

얼마나 중요한 이야기입니까? 오늘 우리가 이걸 알아야 합니다. 오늘날 우리가 어떠한 형태의 죄를 짓든지 간에 우리의 죄 때문에 교회가 오염된다는 사실을 알아야 합니다. 그 죄가 드러난 죄가 되었든지, 은밀한 죄가 되었든지, 고의적인 죄가 되었든지, 비고의적인 죄가 되었든지 간에 어떤 형태로든지 눈에 보이지는 않지만 우리 교회를 오염시킨다는 사실을 알아야 합니다.

교회를 오염시키는 분열과 다툼

우리의 도덕적인 죄나 영적인 죄뿐만이 아닙니다. 우리가 교회 안에서 서로 싸우고 다투고 분열하는 것, 이것 역시 다 영적으로 교회를 오염시키는 것입니다. 심지어는 우리가 교회를 개혁하거나 교회를 바르게 세운답시고 언론 플레이를 한다든지 법정 싸움을 한다든지 아니면 교회 앞에서 피켓을 들고 목사 물러가라고 한다든지, 사실 이것도 영적으로 교회를 오염시키고 있는 것입니다.

자기 입장에서 보면 윤리적으로, 도덕적으로 자기가 하는 일이 옳습니다. 자기가 판단해 봐도 자기는 옳은 일을 하고 있는 것 같습니다. 그러나 그러한 일로 인하여 하나님의 영광이 추락하고 교회의 이미지가 나락에 떨어지게 된다면, 그것이 아무리 옳은 일이라 하더라도 하나님 앞에 죄가 되는 것이고 교회를 오염시키는 것입니다. 그래서 솔로몬은 전도서에서 이런 고백을 하지 않았습니까?

> 전 3:16 또 내가 해 아래에서 보건대 재판하는 곳 거기에도 악이 있고 정의를 행하는 곳 거기에도 악이 있도다

이러한 진리를 우리 한국교회 모든 성도들이 알았으면 좋겠습니다. 특별히 서로 분쟁하고 피 튀기도록 싸우는 교인들이 좀 알았으면 좋겠습니다. 교인들뿐입니까? 교단을 분열시키고 교계를 갈기갈기 찢어대는 목회자들과 교회 지도자들도 이런 사실을 알고 깨달아야 합니다. 그뿐입니까? 윤리적인 마인드와 도덕적인 시각만 가지고 무조건 교회의 부정적이고 어두운 부분을 까발리는 시민 단체들도 이 사실을 알아야 합니다. 이걸 알고 우리 모두 함께 두 손 잡고 회개하며 우리 때문에 오염된 한국교회를 정화시켰으면 좋겠습니다. 우리 때문에 부정결하게 된 교회를 영적으로 씻고 닦아 내야 합니다. 그래서 우리 모두 교회의 영광성과 거룩성을 세

워가야 합니다.

> ♪ 우리에겐 소원이 하나 있네 / 주님 다시 오실 그날까지
> 우리 가슴에 새긴 주의 십자가 사랑 / 나의 교회를 사랑케 하네
> 주의 교회를 향한 우리 마음 / 희생과 포기와 가난과 고난
> 하물며 죽음조차 우릴 막을 수 없네 / 우리 교회는 이 땅의 희망
> 교회를 교회 되게 예밸 예배 되게 우릴 사용하소서
> 진정한 부흥의 날 오늘 임하도록 우릴 사용하소서
>
> 성령 안에 예배하리라 자유의 마음으로
> 사랑으로 사역하리라 교회는 생명이니
> 교회를 교회 되게 예밸 예배 되게 우릴 사용하소서
> 진정한 부흥의 날 오늘 임하도록 우릴 사용하소서

일반 속죄제와 특수 속죄제의 차이

구약에서는 어떻게 제단을 정화했습니까? 구체적으로 어떻게 참된 거룩을 회복했느냔 말입니다. 바로 속죄제를 통해서였습니다. 그래서 속죄제도 일반 속죄제와 특수 속죄제가 있다고 하지 않았습니까? 일반 속죄제에서는 짐승 한 마리가 개인의 죄도, 성소의 오염된 죄도 다 정화해 주었습니다. 속죄 제물 한 마리가 통합적 기능을 다 했단 말입니다. 다시 말하면 속죄제를 드리는 개인의 죄도 속죄를 하게 했고 성전의 오염된 부분도 정화를 시켜 주었습니다.

그러나 특수 속죄제는 그 역할을 철저히 분리했습니다. 특수 속죄제는 특수한 날, 곧 대속죄일 7월 10일에 하나님의 특별한 방식으로 역할을 분리했습니다. 다시 말하면 죄 문제는 아사셀의 염소가 처리했고 성소의 부정결의 문제는 황소와 염소가 각각 정화를 시켰습니다. 즉 제사장 그룹을 위해서는 소 한 마리가, 회중을 위해서는 염소 한 마리가 오염된 성소를 세척해 주었습니다.

> 레 16:5-9 이스라엘 자손의 회중에게서 속죄제물로 삼기 위하여 숫염소 두 마리와 번제물로 삼기 위하여 숫양 한 마리를 가져갈지니라 아론은 자기를 위한 속죄제의 수송아지를 드리되 자기와 집안을 위하여 속죄하고 또 그 두 염소를 가지고 회막 문 여호와 앞에 두고 두 염소를 위하여 제비 뽑되 한 제비는 여호와를 위하고 한 제비는 아사셀을 위하여 할지며 아론은 여호와를 위하여 제비 뽑은 염소를 속죄제로 드리고

무슨 말입니까? 제사장들의 죄로 말미암아 성소가 오염된 부분이 있을 것 아니겠습니까? 제사장 때문에 오염된 부분은 수소 한 마리가 감당했습니다. 그리고 회중의 죄 때문에 오염된 부분은 염소 한 마리가 오염된 성소를 세척해 주었습니다. 그런데 일반 속죄제 때는 대제사장과 회중의 제물이 똑같았습니다. 즉, 회중이 범죄를 해도 똑같이 대제사장처럼 소 한 마리를 드렸습니다.

> 레 4:3 만일 기름 부음을 받은 제사장이 범죄하여 백성의 허물이 되었으면 그가 범한 죄로 말미암아 흠 없는 수송아지로 속죄제물을 삼아 여호와께 드릴지니

레 4:13-14 만일 이스라엘 온 회중이 여호와의 계명 중 하나라도 부지중에 범하여 허물이 있으나 스스로 깨닫지 못하다가 그 범한 죄를 깨달으면 회중은 수송아지를 속죄제로 드릴지니 그것을 회막 앞으로 끌어다가

그러나 특수 속죄제 때는 각각 제물이 달랐습니다. 제사장 그룹을 위해서는 똑같은 수소 한 마리를 드렸는데 회중을 위해서는 수소를 드리지 않고, 대신 염소 두 마리를 드렸습니다.

레 16:5 이스라엘 자손의 회중에게서 속죄제물로 삼기 위하여 숫염소 두 마리와 번제물로 삼기 위하여 숫양 한 마리를 가져갈지니라

왜 그랬을까요? 왜 회중을 위해서 수소 한 마리를 드리지 않고 염소 두 마리를 드렸을까요? 그것은 바로 아사셀 염소와 관련이 되었기 때문입니다. 회중의 죄 처리와 회중으로 말미암은 성소 청결을 위해서 하나님은 염소 두 마리를 속죄 제물로 드리게 하셨습니다. 그리고 염소 두 마리를 제비로 뽑아서 한 마리를 하나님을 위하여, 또 한 마리를 아사셀을 위하여 뽑으라고 한 것이 아닙니까?

레 16:8 두 염소를 위하여 제비 뽑되 한 제비는 여호와를 위하고 한 제비는 아사셀을 위하여 할지며

하나님을 위하여 뽑힌 한 마리 염소는 성전에서 속죄제로 드려졌습니다. 그리고 그 염소의 피로 오염된 성소를 세척하고 정화했

습니다. 바로 성소 정화를 위해 뽑혔던 그 염소가 하나님을 위하여 뽑힌 염소라고 레위기는 표현하였습니다.

> 레 16:9 아론은 여호와를 위하여 제비 뽑은 염소를 속죄제로 드리고
>
> 레 16:15-16 또 백성을 위한 속죄제 염소를 잡아 그 피를 가지고 휘장 안에 들어가서 그 수송아지 피로 행함 같이 그 피로 행하여 속죄소 위와 속죄소 앞에 뿌릴지니 곧 이스라엘 자손의 부정과 그들이 범한 모든 죄로 말미암아 지성소를 위하여 속죄하고 또 그들의 부정한 중에 있는 회막을 위하여 그같이 할 것이요

아사셀을 위해서 뽑힌 염소는 앞에서 말씀드린 대로 백성들의 죄를 속죄하기 위해 다시 돌아오지 못할 먼 광야로 내쫓김을 받았습니다.

> 레 16:10 아사셀을 위하여 제비 뽑은 염소는 산 채로 여호와 앞에 두었다가 그것으로 속죄하고 아사셀을 위하여 광야로 보낼지니라
>
> 레 16:20-21 그 지성소와 회막과 제단을 위하여 속죄하기를 마친 후에 살아 있는 염소를 드리되 아론은 그의 두 손으로 살아 있는 염소의 머리에 안수하여 이스라엘 자손의 모든 불의와 그 범한 모든 죄를 아뢰고 그 죄를 염소의 머리에 두어 미리 정한 사람에게 맡겨 광야로 보낼지니

이렇게 아사셀을 위하여 뽑힌 염소는 저 머나먼 광야로 쫓겨나 백성의 죄를 속죄하였습니다. 그런데 하나님을 위하여 뽑힌 또 한 마리의 염소가 있지 않습니까? 그 염소 피로는 성소의 부정을 닦아 냈습니다. 아니 염소뿐만이 아닙니다. 이미 제사장의 그룹이 드린 황소가 있지 않습니까? 그 황소 피로도 제사장들의 죄를 속죄하고 바로 성전의 오염을 다 세척했습니다. 제사장으로 말미암아 오염된 성전을 세척한 것입니다. 순서적으로 보면 먼저 황소 피로 오염된 성전의 제단을 다 닦아냅니다. 그러나 다시 염소 피로 성소를 닦아냈단 말입니다.

> 레 16:11 아론은 자기를 위한 속죄제의 수송아지를 드리되 자기와 집안을 위하여 속죄하고 자기를 위한 그 속죄제 수송아지를 잡고

> 레 16:15 또 백성을 위한 속죄제 염소를 잡아 그 피를 가지고 휘장 안에 들어가서 그 수송아지 피로 행함 같이 그 피로 행하여 속죄소 위와 속죄소 앞에 뿌릴지니

이것은 바로 성소의 이중 세탁을 의미합니다. 수소 피로 성소를 한 번만 닦은 것이 아니라 염소 피로 다시 이중 세탁을 함으로써 그야말로 철저하게 성전을 정화했습니다. 대속죄일에 대제사장이 저 지성소에서부터 향단, 번제단까지 철저하게 정화를 했단 말입니다. 왜 그렇습니까? 성전 정화가 이렇게 중요하다는 사실을 깨우쳐 주기 위해서였습니다.

완전한 거룩은 공동체적, 집합적 거룩

구약에서 왜 성전 정화가 그토록 중요했을까요? 이유는 하나입니다. 하나님의 언약 백성들의 거룩 회복을 위해서였습니다. 다시 말하면 이스라엘의 참된 거룩, 완전한 거룩, 총체적인 거룩을 회복하기 위해서였습니다. 이스라엘 모든 공동체의 집약적 거룩, 집합적 거룩, 그리고 민족적 거룩을 회복하기 위해서였습니다.

바로 이 완전한 거룩 회복을 위해서 대속죄제의 피를 철저하게 분리하였습니다. 성전의 완전 정화와 세척을 통해서 이스라엘 백성들의 완전한 거룩과 참된 거룩을 회복시키기 위해서였습니다. 그래야 성소가 제기능을 하지 않겠습니까? 그럴 때 이스라엘이 완전한 거룩 공동체로 회복이 되었습니다.

오늘날도 성도가 완전한 거룩을 회복하기 위해서는 개인의 회개와 경건한 삶으로만 되는 것이 아닙니다. 참되고 완전한 거룩을 회복하기 위해서는 오늘날도 교회의 영적인 정화와 세척이 필요합니다. 그런데 그러한 영적 정화와 세척은 우리가 윤리 회복을 한다고 해서 되는 것이 아닙니다. 도덕성을 회복한다고 되는 것도 아닙니다. 교회를 개혁한다고, 시위를 하거나 데몬스트레이션을 한다고 되는 것도 아닙니다. 물론 그것이 본질 개혁이면 당연한 것입니다.

종교개혁자들이 "아드 폰테스"를 외치며 근원을 향하고 본질을 향하는 그런 종교개혁은 당연히 해야 합니다. 그러나 상대적인 교회개혁은 잘못하면 오히려 개혁은커녕 교회를 오염시키고 부정결하게 만든다는 사실을 알아야 합니다. 그러면 우리가 어떻게 교회의 제단을 정결하게 하고 세척합니까? 그것은 오직 예수 그리스도의 피와 하나님의 말씀과 성령의 임재로만 가능합니다. 예수 그리스도의 보혈의 능력과 또한 하나님의 말씀, 그리고 성령의 임재로만 가능합니다.

물론 교회는 당연히 높은 윤리성과 도덕성을 소유해야 합니다. 그러니까 교회가 곁길로 가면 우리가 진심으로, 또 하나님의 마음으로 지적도 하고 권면도 하고 또 그리스도 안에서 책망도 할 수 있습니다. 그래서 교회일수록 높은 윤리를 회복하고 또 도덕성을 높여야 됩니다. 그러나 그것만이 능사가 아닙니다. 오히려 그것 때문에 교회는 영적으로 오염이 되고 부정이 틈탈 수도 있습니다.

오늘 우리는 혼자 거룩하려고 해서는 안 됩니다. 혼자만 경건하게 산다고 되는 것도 아닙니다. 우리는 총체적인 거룩, 완전한 거룩을 추구해야 합니다. 바로 그것은 우리도 하나님 앞에 회개해야 되지만, 우리의 회개와 함께 오염된 교회를 정화시키는 것입니다. 그래서 교회와 함께 거룩을 회복하고 제단과 함께 참된 거룩을 회복해야 합니다. 그래야 그 거룩이 완전한 거룩이고 진정한 거룩이 됩니다. 혼자 경건하고 혼자 거룩하는 것은 반쪼가리 거룩입니다. 그러므로 교회와 함께, 제단과 함께 진정한 거룩을 회복하며 큰 꿈을 꾸어야 합니다.

> ♪ 우리에겐 소원이 하나 있네 / 주님 다시 오실 그 날까지
> 우리 가슴에 새긴 주의 십자가 사랑 / 나의 교회를 사랑케 하네
> 주의 교회를 향한 우리 마음 / 희생과 포기와 가난과 고난
> 하물며 죽음조차 우릴 막을 수 없네 / 우리 교회는 이 땅의 희망
> 교회를 교회 되게 예배 예배 되게 우릴 사용하소서

진정한 부흥의 날 오늘 임하도록 우릴 사용하소서

성령 안에 예배하리라 자유의 마음으로
사랑으로 사역 하리라 교회는 생명이니
교회를 교회 되게 예밸 예배 되게 우릴 사용하소서
진정한 부흥의 날 오늘 임하도록 우릴 사용하소서

대속죄제의 순서

구체적으로 대속죄일에는 어떻게 특수 속죄제를 통하여 속죄의 식을 거행했습니까? 대속죄일에 행한 속죄의식은 다섯 가지로 요약할 수가 있습니다.

(1) 속죄 제물, 곧 짐승을 성전으로 가져옵니다.
먼저 짐승을 가져와서 구분하는데, 염소 두 마리를 반씩 구별합니다. 하나님을 위한 염소와 아사셀을 위한 염소로 말입니다.

(2) 제사장 그룹의 속죄제물인 소부터 속죄제물로 드리고 그 다음에 하나님을 위한 염소를 잡아서 속죄제물을 드립니다.
이때 속죄제물의 피를 지성소에서부터 향단, 그리고 번제단에 뿌립니다(레 16:11-20).

(3) 아사셀 염소를 광야로 보냅니다.

(4) 제사장과 백성을 위한 번제를 드립니다(레 16:24).

번제는 이런 마음으로 드렸습니다.

"하나님 앞에 속죄제를 드리게 해주심을 감사드립니다. 그리고 모든 의식을 끝낼 수 있게 하심을 감사드립니다. 감사한 마음으로 하나님께 헌신의 제사를 드리니 받아 주옵소서."

번제 드리는 것은 구체적으로 설명을 안 했지만 이런 마음으로 드린 것입니다.

(5) 아사셀 염소를 광야로 내쫓아 보내고 남은 속죄제의 제물을 진영 밖에 태운 미리 정한 사람이 몸을 씻고 들어옵니다(레 16:21, 26, 28).

아사셀 염소를 광야로 쫓아 보낸 미리 정한 사람이 물로 몸을 씻고 옵니다.[18] 또한 성전에서 두 마리 속죄제를 드리지 않았습니까? 황소 한 마리와 염소 한 마리를 말입니다. 그런데 그 피가 향단과 지성소로 갔기 때문에 먹을 수가 없습니다. 고기에 심각한 오염이 되었기 때문입니다. 그래서 저 진영 밖에 나가 그 남은 속죄제 고기를 태워야 했습니다. 그 고기를 태우고 돌아온 사람도 몸을 씻고 들어옵니다. 그럴 때 모든 특수 속죄제 의식이 다 끝났습니다. 그리고 특수 속죄제 의식이 끝날 때 완전한 거룩, 참된 거룩이 이루어졌습니다. 바로 이 대속죄일의 대속죄와 거룩 회복의 패러다임

---

18) 아사셀 염소를 광야에 내쫓아 보내고 속죄제 제물을 불에 태운 자가 과연 누구인지에 대해서는 학자들 사이에 논란이 있습니다. 레위기 16장에서는 단지 미리 정한 사람이라고 언급하고 있습니다(레 16:21, 26, 28). 제사장의 책임 하에 아사셀 염소를 쫓아 보내고 고기를 진영 밖에서 불에 태우는 임무는 아마도 레위인이나 백성의 수령에게 위탁했을 것입니다.

을 도표로 그리면 다음과 같습니다.[19]

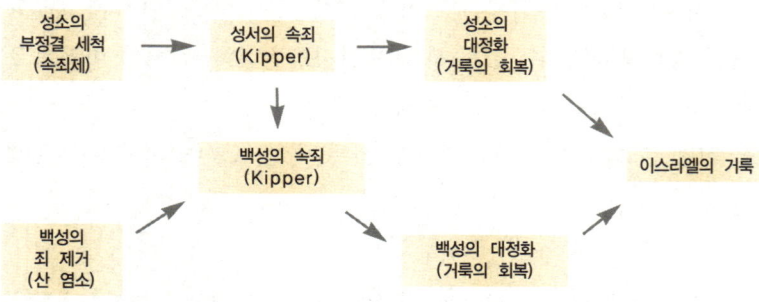

〈도표 5〉 속죄일 패러다임(레 16장)

대속죄일에 성소의 부정결 세척과 백성의 죄 제거를 통해 성소가 속죄되고 백성도 속죄가 됩니다. 그러면 성소가 대정화되고 백성도 대정화를 이루게 됩니다. 그렇게 해서 온 이스라엘이 거룩을 회복하게 됩니다. 비로소 이때 완전한 거룩이 회복됩니다.

대제사장이 세마포 옷을 입음

이 의식을 행할 때 대제사장은 대제사장의 정복을 입지 않았습니다. 대제사장의 의복이 얼마나 거룩하고 위엄이 넘치는 줄 아십니까? 옛날에 대제사장이 의복을 입으면 얼마나 영광스럽고 위엄스럽고 거룩했는지 모릅니다. 그런데 대속죄제 날 속죄의식을 집례할 때 대제사장은 하얀 세마포 옷을 입고 집례를 했습니다. 세마포 옷을 입고 짐승을 제비뽑고 안수하고 또 모든 속죄 의식을 행하

---

19) Gyung Yul Kim, "The *hattat* ritual and the Day of Atonement in the Book of Leviticus," (Ph.D. diss, University of Pretoria, 2013), 308.

였습니다. 그리고 특별히 속죄제 피를 향단과 지성소까지 가지고 들어가서 뿌릴 때도 반드시 하얀 세마포 옷을 입어야 했습니다.

일반적으로 많은 사람들이 대제사장이 지성소에 들어갈 때 흉패가 달린 장엄한 제사장 의복을 입고 지성소에 들어갔다고 생각했습니다. 바로 출애굽기 28장의 말씀에 근거해서 그렇게 오해를 해 왔습니다. 한동안 저도 그렇게 착각을 했습니다.

> 출 28:29-30 아론이 성소에 들어갈 때에는 이스라엘 아들들의 이름을 기록한 이 판결 흉패를 가슴에 붙여 여호와 앞에 영원한 기념을 삼을 것이니라 너는 우림과 둠밈을 판결 흉패 안에 넣어 아론이 여호와 앞에 들어갈 때에 그의 가슴에 붙이게 하라 아론은 여호와 앞에서 이스라엘 자손의 흉패를 항상 그의 가슴에 붙일지니라

> 출 28:34-35 그 옷 가장자리로 돌아가며 한 금방울, 한 석류, 한 금방울, 한 석류가 있게 하라 아론이 입고 여호와를 섬기러 성소에 들어갈 때와 성소에서 나올 때에 그 소리가 들릴 것이라 그리하면 그가 죽지 아니하리라

바로 이 말씀에 근거해서 대부분의 목사님들이 제사장이 지성소에 들어갈 때 이 흉패가 달린 제사장 의복을 입고 들어간다고 생각했습니다. 그러나 출애굽기 28장에서 말하고 있는 내용은 성소에 들어갈 때를 지시하고 있는 사항입니다. 지성소에 들어갈 때를 말하고 있는 것이 아닙니다.

일반 제사장은 절대로 지성소에 들어갈 수가 없었습니다. 향단

앞 성소까지도 일반 제사장은 그날 제비가 뽑혀야 들어갔습니다. 그러나 대제사장은 성소는 언제든지 들어갈 수가 있었습니다. '당직 제사장이 잘하고 있는가, 못하고 있는가. 금등대의 촛불을 감금하고 향단의 향불이 잘 타고 있는가'를 점검하기 위해서 언제든지 성소에 들어갈 수가 있었습니다.

그러나 대제사장도 성소 안에 들어갈 때는 경거망동하게 들어가지 말라는 것입니다. 경거망동하게 들어갔다가는 대제사장도 죽음을 면치 못한다는 것입니다. 그래서 방울을 달고 성소에 들어가라고 했습니다. 한마디로 대제사장도 경거망동하게 성소에 들어가지 말라는 의미로 말씀하신 것입니다. 그런데 일반 제사장과는 달리 대제사장은 지성소에도 들어갈 수 있었습니다. 단 1년에 한 번 오직 대속죄일에만 들어갈 수 있었습니다.

대제사장이 지성소에 네 번 들어감

대제사장은 대속죄일에 거룩한 속죄의식을 집례하기 위하여 지성소에 네 번 들어갔습니다.

(1) 향연을 피우기 위해서 들어갑니다.

왼손에 불삽을 들고 오른손에 향을 들고 들어갑니다. 거기서 향연을 잘 피워서 지성소 안에 연기를 가득하게 피워 놓아야 합니다. 그래야 대제사장이 죽음을 면할 수 있었기 때문입니다.

레 16:12-13 향로를 가져다가 여호와 앞 제단 위에서 피운 불을 그것에 채우고 또 곱게 간 향기로운 향을 두 손에 채워 가지고 휘장 안에 들어가서 여호와 앞에서 분향하여 향연으로 증거궤 위 속죄소를 가리게 할지니 그리하면 그가 죽지 아니할 것이며

(2) 수소 피를 가지고 가서 지성소 안에 있는 속죄소에 일곱 번 뿌립니다.

레 16:14 그는 또 수송아지의 피를 가져다가 손가락으로 속죄소 동쪽에 뿌리고 또 손가락으로 그 피를 속죄소 앞에 일곱 번 뿌릴 것이며

(3) 이제 염소 피를 지성소에 가지고 가서 속죄소에 뿌립니다.

레 16:15 또 백성을 위한 속죄제 염소를 잡아 그 피를 가지고 휘장 안에 들어가서 그 수송아지 피로 행함 같이 그 피로 행하여 속죄소 위와 속죄소 앞에 뿌릴지니

(4) 숯불과 향을 치우러 마지막으로 지성소에 들어갔습니다. 그런데 이때 제사장은 반드시 세마포 옷을 입어야 했습니다.

레 16:3-4 아론이 성소에 들어오려면 수송아지를 속죄제물로 삼고 숫양을 번제물로 삼고 거룩한 세마포 속옷을 입으며 세마포 속바지를 몸에 입고 세마포 띠를 띠며 세마포 관을 쓸지니 이것들은 거룩한 옷이라 물로 그의 몸을 씻고 입을 것이며

대속죄일에 세마포 옷을 입은 이유

그러면 대속죄일에 제사장은 왜 세마포 옷을 입고 집례를 해야 했을까요? 학자들 간에 여러 논란이 있습니다. 어떤 사람들은 대제사장에게 겸손하라고, 또 복장이 간편하고 편리하도록 하기 위해서 세마포 옷을 입도록 했다고 주장하는 이들도 있습니다. 그러나 성경을 전반적으로 볼 때 하나님께서 대제사장뿐만 아니라 모든 이스라엘 백성들에게 이날은 정말로 하나님 앞에 순수한 거룩을 갈망하도록 하기 위해서였을 것입니다.

대제사장이 대제사장의 의복을 입으면 아주 위엄 있게 보이고 거룩이 장엄하게 보였을 것입니다. 그러나 하나님은 그날만큼은 그가 장엄한 외형적인 거룩보다는 순백한 거룩을 열망하게 하신 것입니다. 외형적으로 볼 때 대제사장의 의복이 얼마나 장엄하고 거룩하고 위엄스럽게 보였겠습니까? 그러나 하나님은 그날만큼은 그것보다는 정말 단순하고 순수하고 순백한 거룩을 열망하도록 하셨습니다. 세마포 옷은 정말 죄가 없고 순백한 순결을 상징했습니다. 그래서 요한계시록을 보면 어린양의 피로 천국에서 이미 속죄가 완성이 되고 참된 거룩을 회복한 천상의 백성들이 하얀 세마포 옷을 입지 않았습니까?

계 7:13-14 장로 중 하나가 응답하여 나에게 이르되 이 흰 옷 입은 자들이 누구며 또 어디서 왔느냐 내가 말하기를 내 주여 당신이 아시나이다 하니 그가 나에게 이르되 이는 큰 환난에서 나오는 자들인데 어린 양의 피에 그 옷을 씻어 희게 하였느니라

계 19:7-8 우리가 즐거워하고 크게 기뻐하며 그에게 영광을 돌리세 어린 양의 혼인 기약이 이르렀고 그의 아내가 자신을 준비하였으므로 그에게 빛나고 깨끗한 세마포 옷을 입도록 허락하셨으니 이 세마포 옷은 성도들의 옳은 행실이로다 하더라

또 어떤 학자들은 하얀 천사를 상징한다고 주장합니다. 물론 겸손이나 의식 절차를 잘 집례하기 위해서 편리한 옷을 입도록 했다는 주장도 약간의 일리는 있을 수 있습니다. 그러나 성경을 전체적으로 볼 때, 대제사장이 그날 세마포 옷을 입는 것은 정말 순백하고 단순하고 순수한 거룩을 갈망하도록 하기 위해서 세마포 옷을 입었다고 이해하는 것이 가장 좋습니다.

그러므로 오늘 우리도 그냥 거룩이 아닌, 정말 순수한 거룩, 순백한 거룩을 갈망해야 됩니다. 부분적인 거룩이 아니라 참된 거룩, 그리고 완전한 거룩을 갈망해야 됩니다. 순수한 거룩, 순백의 거룩을 갈망해야 합니다.

공동체적 거룩을 회복하는 방법

그러면 어떻게 이런 공동체적 거룩을 회복할 수 있을까요?
(1) 성경적 교회론을 회복해야 합니다.
성경적 교회론이 무엇입니까? 크게 두 가지로 설명할 수 있습니다. 하나는 예수 그리스도가 머리 되시고 왕 되시는 교회를 말합니다. 또 하나는 우리가 지체가 되어 주님의 몸을 이룬 공동체 교회를 말합니다. 우리는 예수 그리스도를 머리로 모시고 왕으로 모시

는 진정한 교회를 이루어야 합니다. 그리고 우리 자신이 지체가 되고 또 그 지체가 모아져서 주님의 몸을 이루는 공동체, 몸 된 교회를 회복해야 합니다. 그러기 위해서는 집합적 인격체 사상을 가져야 합니다. 바로 그 집합적 인격체 사상을 가질 때 참된 공동체 신앙이 회복되게 됩니다.

(2) 개개인의 죄만 회개할 것이 아니라 우리는 공동체적 회개를 해야 합니다.

우리는 개개인의 회개와 더불어서 공동체적 회개를 해야 합니다. 왜냐면 내 개인의 죄로 말미암아 우리가 섬기는 교회도 영적으로 오염되었기 때문입니다. 그래서 우리 교회는 예배 시간에 참회의 기도를 하지 않습니까? 이것은 굉장한 기도의 의식입니다. 그 참회의 기도를 개인의 참회로 끝나는 것이 아니라 이제는 공동체적 참회로 확대해야 합니다. 공동체적 참회의 기도를 통해서 교회를 정화시키고 개인이 속죄 받는 은혜를 경험하게 할 수 있습니다.

(3) 선악이나 윤리, 도덕보다는 속죄, 생명, 영적인 거룩의 삶에 우선순위를 두는 신앙생활을 해야 합니다.

우리의 신앙이 선악적이고 윤리적이며 도덕적인 것이 기준이 되어서는 절대로 안 됩니다. 속죄적인 복음과 생명나무의 은혜가 기준이 되어야 합니다. 오늘날 교인들이 교회를 자꾸 자신의 윤리와 도덕적 잣대로 판단하며 공격하려고 하는데, 그러다가 교회를 부정하게 하는 행위가 될 수 있다는 것을 알아야 합니다.

우리는 교회를 선악의 원리나 사회적인 기준으로 판단할 것이 아니라 언제나 생명의 복음과 십자가의 안경을 쓰고 보고 판단할 수 있어야 합니다. 이런 사람은 절대로 교회를 오염시키지 않습니다. 나도 모르게 오염시켰다 하더라도 바로 회개하고 제단을 정화시킬 수 있는 사람입니다.

(4) 예배에 목숨을 걸고 헌신하는 삶에 올인해야 합니다.

레위기의 중심은 레위기 16장과 17장이라 할 수 있습니다. 레위기 16장과 17장을 중심으로 해서 1장부터 15장까지는 의식적 거룩함, 18장에서부터 27장까지는 삶의 현장에서의 거룩함이 소개되었습니다. 이렇게 된 것은 항상 예배를 통해 거룩의 능력이 회복된다는 것을 보여주기 위해서입니다. 그리고 삶의 현장에 나가서 거룩을 방사하고 방출해야 한다는 것을 보여주기 위해서입니다. 그러고 나서 다시 실패하면 또 예배의 자리로 오는 것입니다. 그 예배를 통하여 보혈의 은혜가 임하고 성령이 임재하며 살아 있는 말씀이 선포되면 내가 오염시킨 교회가 정화되고 내가 거룩을 회복하게 됩니다. 그리고 또 현장에 나가서 거룩을 방사하고 예배의 자리로 돌아옵니다.

정말 거룩을 추구하고 사모하는 사람은 예배에 올인하게 되어 있습니다. 따라서 교회는 예배가 살아야 합니다. 절대 예배가 죽어서는 안 됩니다. 그러면 어떤 예배가 산 예배입니까? 예수 그리스도의 보혈의 능력이 영적으로 철철 흐르는 예배가 되어야 합니다. 거기에 성령의 임재가 강력하게 나타나는 예배여야 합니다. 그 가운데 살아 움직이는 하나님의 말씀이 선포되어야 합니다. 그래서 성경을 보면 말씀과 기도로 거룩해진다고 하였습니다.

딤전 4:5 하나님의 말씀과 기도로 거룩하여짐이라

우리는 항상 예배에 올인해야 합니다. 기도를 통해서 언제나 성령의 임재를 경험해야 합니다. 찬송을 통해 예수 그리스도의 보혈의 능력을 경험해야 합니다. 그리고 말씀을 통해서 거룩하신 하나님을 만날 수 있어야 합니다. 이렇게 예배에 목숨을 거는 사람은 언제나 삶이 예배의 연속입니다.

언제나 삶의 현장에서도 헌신하는 삶을 삽니다. 그것이 거룩이라고 하지 않았습니까? 우리가 아무리 경건하고 정결한 삶을 살아도 우리의 삶이 하나님께 드려지지 않으면 그것은 거룩이 될 수가 없습니다. 하나님께 드려지고, 바쳐져야 거룩한 삶이 됩니다.

레 27:28 어떤 사람이 자기 소유 중에서 오직 여호와께 온전히 바친 모든 것은 사람이든지 가축이든지 기업의 밭이든지 팔지도 못하고 무르지도 못하나니 바친 것은 다 여호와께 지극히 거룩함이며

우리는 예배만 잘 드리려 하지 말고, 우리의 삶이 예배의 연장이 되도록 해야 합니다. 언제나 삶의 현장에서 우리의 삶을 영적 예배로 드리고, 산 제사로 드려야 한다는 말입니다. 그래서 사도 바울은 이렇게 권면하지 않습니까?

롬 12:1-2 그러므로 형제들아 내가 하나님의 모든 자비하심으로 너희를 권하노니 너희 몸을 하나님이 기뻐하시는 거룩한 산 제물로 드리라 이는 너희가 드릴 영적 예배니라 너희는 이 세대를 본받지 말고 오직

> 마음을 새롭게 함으로 변화를 받아 하나님의 선하시고 기뻐하시고 온전하신 뜻이 무엇인지 분별하도록 하라

우리 모두 목숨 걸고 예배를 드려야 합니다. 그리고 우리의 삶이 영적 예배요, 산 제사가 되어야 합니다. 죽는 그날까지, 우리의 마음속에 온전히 주님만 모셔놓고, 오직 주님만 섬기고 그 분께 우리의 삶을 제물로 드리며 살아야 합니다. 그렇게 해서 우리 모두 참된 거룩을 회복해야 합니다.

> ♪ 나의 맘 속에 온전히 주님만 모셔놓고
> 나의 정성을 다하여 주를 섬기리
> 기쁘나 슬프나 오직 한 맘 주 위해
> 한평생 주만 모시고 찬송하며 살리라
> 주는 나의 큰 능력 주는 나의 큰 소망
> 내가 항상 영원히 주님만을 섬기리

(5) 경건한 삶을 살 뿐만 아니라 주님의 몸 된 교회의 치욕을 짊어지는 삶도 살려고 해야 합니다.
예수님도 우리를 거룩하게 하려고 성문 밖에서 고난을 받으셨습니다.

> 히 13:12 그러므로 예수도 자기 피로써 백성을 거룩하게 하려고 성문 밖에서 고난을 받으셨느니라

그러므로 예수님이 성문 밖에서 우리를 위하여 고난을 받으셨다면, 우리도 그의 치욕을 짊어지고 영문 밖으로 나아가야 한다고 성경은 말합니다.

히 13:13 그런즉 우리도 그의 치욕을 짊어지고 영문 밖으로 그에게 나아가자

교회의 치욕을 짊어지고 영문 밖으로 나가라

예수님도 우리를 구원하시고 거룩한 사람으로 만들기 위하여 영문 밖에서 치욕을 당하셨습니다. 주님의 고난의 길이 얼마나 치욕의 길이었고 십자가의 죽음이 얼마나 치욕적이었습니까? 그런 예수님의 치욕적인 고난과 죽음 덕분에 우리가 구원을 받고 거룩한 백성이 되었다면 우리도 이제는 예수님의 치욕을 짊어질 줄 알아야 합니다. 주님의 몸 된 교회의 치욕을 짊어질 줄 알아야 합니다. 그 짐을 짊어지고 영문 밖으로 갈 수 있어야 합니다.

우리가 짊어져야 할 주님의 치욕은 무엇입니까? 그것은 사도 바울이 고백한 대로 그리스도가 우리에게 남겨주신 남은 고난이라고 말할 수 있습니다. 먼저는 주님께서 우리에게 주시는 남겨진 고난이라고 받아들여야 합니다. '교회를 섬기면서, 또 복음을 전하면서 당하는 고난, 이런 고난을 주님을 위하여 당하자', 이런 의미가 있습니다.

또 하나의 의미가 있습니다. 아무리 교회가 주님의 몸 된 교회라 할지라도 지상의 교회는 불완전합니다. 그리고 얼마든지 부정이

틈탈 수도 있습니다. 그래서 도덕적이고 윤리적으로 볼 때는 교회도 세상 앞에 부끄럽고 또 심지어는 치욕적인 부분도 있을 수 있지 않겠습니까? 그런데 자기 윤리와 자기 도덕성이 강한 사람은 맨날 이것을 까발리고만 다닙니다. 유달리 선악과 마인드가 강한 사람은 교회 치욕과 목사의 치욕을 다 세상 앞에 까발립니다. 그러면서 얼마나 교회와 목사를 공격합니까? 그러나 무조건 까발리지만 말라는 것입니다.

그런 치욕을 짊어지고 영문 밖으로 가라는 것입니다. 그 짐이 내가 감당하기 힘들더라도 나의 십자가라고 생각하고, 내가 짊어져야 할 십자가라고 생각하고 영문 밖으로 가라는 것입니다. 그 짐을 짊어지고 영문 밖에 가서 태워 버려야 합니다. 그것을 믿음으로 소각시켜 버릴 줄 알아야 됩니다. 그런데 자꾸 까발리고 비난만 한다고 됩니까? 그러니까 오히려 교회가 오염되고 부정하게 됩니다.

우리 눈에 보이는 교회의 부정과 치욕을 우리의 십자가라고 생각하고 그것을 짊어지고 영문 밖으로 가야 합니다. 울면서도 우리가 그 짐을 감당해야 합니다. 우리가 대신 회개하면서라도 그것을 짊어져야 합니다. 그러면 하나님께서 우리를 칭찬해 주시고 우리의 아픔과 고통을 보상해 주실 것입니다. 침묵하며 생명나무를 선택하며 기도하는 우리의 희생의 삶을 하나님이 반드시 보상하시고 이 땅에서 가장 거룩한 사람으로 회복시켜 주십니다. 참된 거룩으로, 완전한 거룩으로, 그리고 위대한 거룩의 사람으로 세워주십니다.

5. 정결이 있어야 거룩도 있다

여호와께서 모세와 아론에게 말씀하여 이르시되 이스라엘 자손에게 말하여 이르라 육지의 모든 짐승 중 너희가 먹을 만한 생물은 이러하니 모든 짐승 중 굽이 갈라져 쪽발이 되고 새김질하는 것은 너희가 먹되 새김질하는 것이나 굽이 갈라진 짐승 중에도 너희가 먹지 못할 것은 이러하니 낙타는 새김질은 하되 굽이 갈라지지 아니하였으므로 너희에게 부정하고 사반도 새김질은 하되 굽이 갈라지지 아니하였으므로 너희에게 부정하고 토끼도 새김질은 하되 굽이 갈라지지 아니하였으므로 너희에게 부정하고 돼지는 굽이 갈라져 쪽발이로되 새김질을 못하므로 너희에게 부정하니 너희는 이러한 고기를 먹지 말고 그 주검도 만지지 말라 이것들은 너희에게 부정하니라" (레 11:1-8).

레위기의 주제는 거룩입니다. 모든 하나님의 백성의 목표도 거룩입니다. 왜냐면 하나님이 완전하시고 거룩하신 분이기 때문에 우리도 하나님을 따라 거룩하고 완전한 백성이 되어야 하기 때문입니다. 그래서 성경은 이렇게 말하고 있지 않습니까?

> 레 11:45 나는 너희의 하나님이 되려고 너희를 애굽 땅에서 인도하여 낸 여호와라 내가 거룩하니 너희도 거룩할지어다

참된 거룩은 내 개인의 속죄로만 회복되는 것이 아닙니다. 참된 거룩은 제단의 정화와 함께 이루어져야 합니다. 다시 말하면 집약적 거룩, 공동체적인 거룩이 이루어져야 참된 거룩이라 할 수 있습니다. 왜냐면 이스라엘 백성들은 하나님과 피로 맺은 언약 공동체요, 성전 공동체였기 때문입니다.

신약 백성들도 마찬가지입니다. 오늘날 우리도 예수 그리스도의 피로 하나님과 언약을 맺은 교회 공동체로 부름을 받았습니다. 우리는 거룩한 몸 된 교회의 지체요, 또 지체들이 모여서 주님의 몸 된 교회를 이루지 않았습니까? 따라서 교회와 떼려야 뗄 수 없는 관계에 있습니다. 나 혼자만 경건하게 살고 나 혼자만 회개하고 속죄를 받는다고 되는 것이 아닙니다.

오늘 우리도 제단의 정화, 곧 오염된 교회의 정화와 함께, 혹은 그 정화를 통해서 집약적이고 공동체적인 거룩을 회복할 수 있습니다. 바로 그 거룩이 완전한 거룩이고 진정한, 참된 거룩입니다.

정결, 거룩의 전제 조건

거룩은 반드시 정결을 전제로 해야 합니다. 정결 없는 거룩은 있을 수가 없습니다. 반드시 정결이 있는 상태에서 거룩으로 나아갈 수 있고 거룩을 회복할 수가 있기 때문입니다. 정결하지 않은 곳에는 하나님이 임재하실 수도 없습니다. 또 정결하지 않고서는 하나님의 거룩한 제의에 참여할 수도 없습니다. 그러므로 정결이 있고 정결을 갖추어야 거룩으로 나아갈 수 있으며 거룩을 회복할 수가 있습니다.

그러면 도대체 거룩과 정결은 어떤 차이가 있는 것일까요? 같은 것일까요? 다른 것일까요? 다르다면 어떻게 다르며 어떤 차이가 있을까요? 앞에서도 언급했지만 제가 8-9년 전에 《정결한 영성에 생명을 걸어라》라는 책을 펴낸 적이 있습니다. 그때 당시로서는 상당히 신선한 내용으로 쓴 책입니다. 거의 누구도 다루지 않은 주제를 썼습니다. 바로 '정결'이었습니다. 그때는 제가 거룩과 정결을 하나로 봤습니다. 물론 큰 틀에서는 하나로 볼 수도 있습니다. 그러나 좀더 성경을 연구하고 레위기의 깊은 곳으로 나아갔을 때, 이 거룩과 정결이 차이가 있다는 사실을 깨달았습니다.

지금 생각해 보면 매우 부끄럽습니다. 그때는 제가 그 책이 좀 많이 나가게 해 달라고 얼마나 기도했는지 모릅니다. 그리고 이 책이 한국교회에 많이 읽혀져서 정결한 영성이 회복되었으면 좋겠다고 생각했습니다. 그런데 3판만 출간을 하고 아마 절판이 되어 버렸을 것입니다. 그때는 왜 이렇게 좋은 책이 안 나갈까 섭섭했습니다. 그런데 지금 생각해 보니까 안 나가길 잘했습니다. 만약 이 책이 20판, 30판 나갔으면 나중에 구약신학자들이나 레위기 전문가들이 저를 얼마나 우습게 보았겠습니까? 그래서 지금은 하나님 앞에 감사합니다.

사도 바울도 이런 고백을 했습니다. 자기도 이 땅에 살 때는 부분적으로 알고 부분적으로 말하는 경우가 많다고 말입니다. 그러나 온전한 것이 올 때에야 모든 것을 온전하게 안다고 했습니다. 지금은 깨닫고 말하는 것이 어린아이와 같지만, 그러나 장성한 사람이 되어서는 어린아이의 일을 버릴 것이라고 했습니다. 지금은 모든 것을 희미하게 보지만 그러나 장성하거니 또 천국에 가서는 자신이 온전하게 알게 되는 때가 온다고 하지 않았습니까?

> 고전 13:9-12 우리는 부분적으로 알고 부분적으로 예언하니 온전한 것이 올 때에는 부분적으로 하던 것이 폐하리라 내가 어렸을 때에는 말하는 것이 어린 아이와 같고 깨닫는 것이 어린 아이와 같고 생각하는 것이 어린 아이와 같다가 장성한 사람이 되어서는 어린 아이의 일을 버렸노라 우리가 지금은 거울로 보는 것같이 희미하나 그때에는 얼굴과 얼굴을 대하여 볼 것이요 지금은 내가 부분적으로 아나 그 때에는 주께서 나를 아신 것같이 내가 온전히 알리라

사도 바울도 그랬는데 하물며 저는 어떻겠습니까? 물론 제가 그 책을 통해서 큰 실수를 한 것은 아닙니다. 큰 틀에서 볼 때는 정결과 거룩, 거룩과 정결을 거의 같이 봐도 크게 무리는 없습니다. 그러나 성경적으로 깊이 들어가면 그리고 신학적으로 깊이 접근하면 분명히 차이가 있는 건 사실입니다.

거룩과 정결의 차이

그렇다면 거룩과 정결은 어떻게 다를까요? 어떤 차이가 있을까요?

레 10:10 그리하여야 너희가 거룩하고 속된 것을 분별하며 부정하고 정한 것을 분별하고

이처럼 레위기는 거룩과 세속, 정결과 부정으로 구분하고 있습니다. 그런데 성-속, 즉 거룩과 세속은 신적 영역이요, 정-부정, 즉 정결과 부정은 인간의 영역에 속합니다.

신적 영역 : 거룩 – 세속
인간적 영역 : 정결 – 부정결

이것을 도표로 그리면 다음과 같습니다.[20]

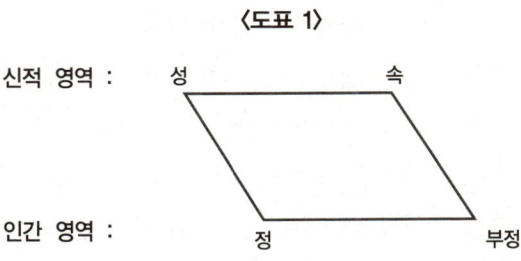

〈도표 1〉

---

20) 김경열.

이렇게 성-속은 신적 영역에 속해 있고 정-부정은 인간의 영역에 속해 있습니다. 왜 그럴까요? 성경 어디를 봐도 하나님은 정결하신 분이라고 표현된 곳이 없습니다. 정결과 부정이 하나님께 수식이 되거나, 하나님을 표현한 곳이 단 한 군데도 없단 말입니다. 바로 정결과 부정결은 인간의 영역에서만 수식이 되고 또 인간에게만 표현이 되었습니다.

성경을 보면 하나님은 오직 거룩하신 분이라고 하였습니다. 그리고 하나님께 속한 것들이 아무리 거룩할지라도 세속화되어 버리거나 부정결하게 되면 속된 것이 되고 맙니다. 그러니까 성-속은 하나님의 영역에서만 표현되고 수식되는 말입니다. 그런가 하면 거룩한 것은 다른 것을 거룩하게 만들 수 있는 영향력이 있습니다. 다시 말하면 거룩한 전염성과 영향력이 있습니다. 그러므로 우리는 거룩을 전염시켜야 할 사명이 있습니다. 거룩의 영향력을 넓혀가야 할 의무가 있습니다.

그러나 정결은 그런 영향력이 없습니다. 정결 그 자체로만 존재합니다. 정결이라는 것은 거룩과는 달리 제의 바깥, 즉 인간의 영역속에 존재합니다. 결국 신적 영역에 속한 것이 아닙니다. 인간적 영역에 속해 있는 것이라고 말해야 됩니다. 그리고 정결은 거룩과 부정결 사이에 있는 중립된 상태입니다. 뿐만 아니라 거룩함에 접근하기 위한 하나의 전제조건의 상태입니다. 그러므로 자기 혼자 점잖고 정결하게 사는 사람은 그것으로 끝납니다. 그러나 거룩한 사람은 거룩의 능력과 영향력을 방사하고 방출하며 살아갑니다.

정결, 중립 상태의 의미

그 중립 상태가 무엇입니까? 중립 상태란, 어떤 사물이든지 사람이든지 하나님 앞에 존재하고 있는 기본적 상태, 혹은 정상적 상태로 존재하는 것입니다. 하나님 보시기에 기본적 상태나 정상적 상태로 존재하는 것을 말합니다. 만약에 하나님 보시기에 비정상적 상태로 존재해 있다면 그것은 부정결입니다.

다시 말씀드립니다만, 이것은 신적 영역에 속한 것이 아닙니다. 어디까지나 인간적인 영역, 혹은 세속적인 영역에서 존재하는 것입니다. 그런데 아무리 하나님 보시기에 정상적 상태로 존재한다 할지라도 그것이 하나님께 구별되어 드려지거나, 하나님께 온전히 속해 있어야 합니다. 그래야 거룩한 것이 될 수 있습니다.

다시 말하면 하나님 보시기에 정결한 상태로 존재해 있다 할지라도 그것이 정결 자체로만 존재하면 거룩이 될 수 없습니다. 그것이 하나님께 드려지고 또 구분되어 바쳐지거나 하나님께 속한 것으로 구분되어 있을 때만 거룩이 될 수 있습니다.

예컨대, 하나님의 성전 바깥에, 즉 인간의 영역에 정결한 짐승이 얼마나 많이 있습니까? 양이나 소나 비둘기, 성경은 얼마나 정결한 짐승이라고 구분하였습니까? 그러나 그것이 하나님께 드려지지 않으면 그건 절대로 거룩한 것이 될 수가 없습니다. 아무리 그 짐승이 정결하다 하더라도 그것은 정결한 그 자체로만 존재합니다.

사람이나 물건도 마찬가지입니다. 아무리 어떤 물건이 정결한 상태에 있다 하더라도 하나님께 드려지지 않거나 하나님의 영역에 들어오지 않으면 결코 거룩한 것이 될 수 없습니다. 사람은 더더욱 그렇습니다. 그가 하나님 보시기에 아무리 정결하고 깨끗한 상태에 있다 할지라도 하나님의 제의에 나오지 않으면 절대로 거룩함을 입을 수가 없습니다. 하나님께 번제와 속죄제를 가지고 와서 자신의 제물을 드리고 자신의 몸과 마음이 하나님께 제의적으로 드려지고 헌신되어야 거룩한 사람이 될 수 있습니다. 하나님께 드려지지 않고는 결코 거룩한 사람이 될 수가 없었습니다. 그런 의미에서 인간적 정결, 도덕적 정결은 그 자체로 끝납니다. 하나님 보시기에 거룩해야 거룩한 사람이 되는 것입니다.

이스라엘 백성들은 구약에서 아무리 정결한 상태에 있다 하더라도 항상 세 절기 때는 하나님 앞에 나와서 의무적으로 자신의 모습들을 보여야 했습니다. 보일 뿐만 아니라 제물을 가지고 나와서 제물을 드리고 자신의 몸과 마음을 하나님께 드려야 했습니다. 그래야 거룩한 사람이 되었습니다. 자기가 아무리 진영에서 정결하게 살고 순결을 지켰다 할지라도 반드시 하나님의 성막으로 나와서 하나님께 자신을 드리고 헌신해야 했습니다. 그래야 거룩함을 입고 거룩한 사람으로 살아가게 되었습니다.

정결과 거룩의 차이에 대한 교회론적 인식

그리스도인들은 이 진리를 깨달아야 합니다. 오늘날 교회 안에 그리스도의 피의 복음과 십자가의 복음보다는 너무 윤리적이고 도덕적이고 선악적인 것들이 들어와서 교회의 정신과 영성을 지배해가고 있습니다. 그래서 많은 사람들이 '정결' 하면 대부분 윤리적인 정결, 도덕적인 정결로만 이해를 하려고 합니다. 그리고 그런 정결을 소유하려고 합니다. 또 조금 나은 사람들은 개인적으로 영적인 정결과 경건만을 소유하려고 애를 씁니다.

"나 혼자 도덕적으로 살면 돼, 나 혼자 영적인 경건과 정결을 지키며 살아가면 돼."

물론 이렇게 사는 것도 훌륭합니다. 나라도 도덕적인 정결을 지키고 개인적인 경건과 정결을 소유해야 합니다. 그러나 이것을 알아야 합니다. 아무리 내가 도덕적, 윤리적 정결을 지키고 또 개인적 경건과 정결을 소유하며 산다 할지라도 그것이 하나님과 전혀 관계가 없거나 또 하나님께 드려지지 않는 삶은 절대로 거룩한 삶이 아니라는 사실을 말입니다.

우리도 우리 자신을 하나님 앞에 드려야 됩니다. 내가 아무리 사회적으로 정결하고 영적 정결을 소유하고 있다 할지라도 나의 삶을 하나님 앞에 드리지 않으면 아무런 소용이 없습니다. 나를 하나님 앞에 송두리째 드리고 헌신을 할 때 그 정결한 상태가 이제 거룩으로 나아가게 됩니다. 그 정결이 곧 거룩을 회복하게 된단 말입니다. 물론 또 거룩한 사람이 되었으면 당연히 정결한 사람으로 살아야 합니다. 반드시 거룩한 사람은 그 거룩을 계속해서 지키고 연장하기 위하여 정결한 삶을 살아야 합니다. 정결을 끝까지 지켜야 합니다. 그래서 바로 사도 바울도 참된 거룩과 정결과의 관계를 로마서 12장에서 이렇게 표현하고 있습니다.

롬 12:1-2 그러므로 형제들아 내가 하나님의 모든 자비하심으로 너희를 권하노니 너희 몸을 하나님이 기뻐하시는 거룩한 산 제물로 드리라 이는 너희가 드릴 영적 예배니라 너희는 이 세대를 본받지 말고 오직

> 마음을 새롭게 함으로 변화를 받아 하나님의 선하시고 기뻐하시고 온
> 전하신 뜻이 무엇인지 분별하도록 하라

　사도 바울은 진정한 거룩을 뭐라고 했습니까? 우리 몸을 하나님이 기뻐하시는 거룩한 산 제물로 드리는 것이라고 정의합니다. 이것이 바로 우리가 삶 속에 드릴 영적 예배라는 것입니다. 아무리 정결하게 살아도 정결 그 자체로 있으면 안 됩니다. 그 정결과 더불어서 우리의 삶의 전부를 하나님께 산 제물로 드려야 합니다. 그럴 때 우리가 거룩한 삶을 살게 됩니다. 그렇게 하기 위해서는 우리가 이 세대를 본받지 않고 오직 마음을 새롭게 함으로 변화를 받아야 합니다. 거룩한 사람이 되었으면 세상을 따라 살지 않고 더 정결한 삶을 살아야 합니다.
　우리는 세속에 물들지 않고 부정직하게 살지 않고 새로운 마음으로 변화를 받아 살아야 합니다. 그런 정결을 지킬 때 계속 거룩한 삶을 살 수 있기 때문입니다. 바로 그런 사람은 언제나 하나님의 선하시고 기뻐하시고 온전하신 뜻이 무엇인지 분별하며 삽니다. 그렇게 사는 사람은 언제나 하나님께 자신을 드리고 또 드리고 헌신하는 영적 예배의 삶을 살기 때문입니다. 그러므로 우리는 정결 자체로만 존재하려고 하지 말고 언제나 하나님께 드려져야 합니다. 우리의 마음을 하나님께 드려야 합니다. 우리의 삶을 하나님께 드려야 합니다. 또 우리의 물질도 드려야 합니다.
　아무리 우리가 죄 짓지 않고 이 땅에서 경건하고 정결한 삶을 산다 할지라도 그것이 하나님 앞에 헌신과 결부되어 있지 않으면 거룩이 될 수가 없습니다. 또 우리가 아무리 깨끗하게 돈 벌어서 깨

끗한 돈을 가지고 있다 하더라도 그것이 하나님께 드려지지 않으면 거룩이 될 수 없습니다. 그것은 정결한 돈으로 남아 있을 뿐입니다. 아무리 양과 소와 비둘기가 정결하다 할지라도 하나님께 드려지지 않으면 거룩한 것이 될 수 없는 것처럼 말입니다. 그러므로 우리의 물질도 정결할 뿐만 아니라 때로는 거룩한 산 제물로 드려질 수 있어야 합니다. 그럴 때 우리의 삶이 거룩하게 되고 거룩의 영향력과 전염성이 번져가게 됩니다.

> ♪ 내 마음에 주를 향한 사랑이
> 나의 말엔 주가 주신 진리로
> 나의 눈에 주의 눈물 채워주소서
> 내 입술에 찬양의 향기가
> 두 손에는 주를 닮은 섬김이
> 나의 삶에 주의 흔적 남게 하소서
> 하나님의 사랑이 영원히 함께 하리
> 십자가의 길을 걷는 자에게
> 순교자의 삶을 사는 이에게
> 조롱하는 소리와 세상 유혹 속에도
> 주의 순결한 신부가 되리라
> 내 생명 주님께 드리리

부정결은 무엇인가

부정결이란 무엇일까요? 그것은 하나님 앞에 잘못되어 있는 상태를 말합니다. 제 자리에 존재하는 것이 아니라 다른 위치, 영 뒤틀려 있는 자리에 존재하고 있는 것입니다. 다시 말하면 기본 상태, 정상적 상태가 아니라 뒤틀려 있는 상태요, 질서가 잡혀 있지 않은 상태입니다. 비정상적인 상태에 있는 것을 말합니다.

예컨대, 사람이 하나님 앞에 건강한 모습이 정상적인 상태라면 병들어 있는 것은 비정상적인 상태입니다. 또 죽음이라든지, 시체라든지 이런 것은 전부 다 비정상적인 상태입니다. 바로 이런 것들을 성경에서 '부정하다, 부정결하다'라고 말하고 있습니다.

그런데 정결은 전염성이 없지만 부정결은 전염성이 있습니다. 아무리 정결한 사람이라 할지라도 부정한 것에 접촉을 하거나 닿게 되면 당장 부정결해져 버리고 맙니다. 지금까지는 아무리 거룩한 삶을 살아왔다 하더라도 하나님 앞에 죄를 짓거나 하나님을 떠나 세상에 속하여 세속화되어 버리면 그 사람도 당장 부정하게 되어 버립니다. 이렇게 해서 부정결을 입으면, 바로 정결을 입고 거룩을 회복해야 합니다. 만약에 당장 정결 예식을 행하지 않으면 그것은 심각한 죄로 굳어져 버리기 때문입니다.

Wright의 정의

그래서 성경학자 라이트(Wright)는 이 문제를 다음과 같이 정리했습니다.

① 세속 - 정결 = 중립적이며 기본적임
② 세속 - 부정결 = 레위기 11장에서 15장에 나오는 부정결한 종류들에 해당됨
③ 거룩 - 정결 = 거룩한 사람과 물건 혹은 성전의 속해 있는 모든 거룩한 것 ⇒ 전염성과 영향력이 있음.
④ 거룩 - 부정결 = 거룩한 것이 더럽혀져 있는 상태

여기서 속된 것과 정결한 것은 등급이 없습니다. 즉 지극히 속된 것, 더 정결한 것, 이런 것이 없단 말입니다. 그러나 거룩과 부정결은 등급이 있습니다. 지극히 거룩하고 덜 거룩한 것, 또 지극히 부정결하고 덜 부정결한 것으로 등급이 나누어집니다. 도표로 설명하면 다음과 같습니다.

〈도표 2〉[21]

	I. 가장 거룩 (קֹדֶשׁ קָדָשִׁים)	II. 거룩 (קֹדֶשׁ)	III. 거룩 (קֹדֶשׁ)	IV 정결 (טָהוֹר)	V. 사소한 부정결 (טָמֵא)	VI. 일반 부정결 (טָמֵא)	V. 중대한 부정결 (טָמֵא)
공간	지성소	내성소	성소마당	진 영			진 바깥
인간	대제사장	제사장	제사장 레위인	정결한 상태	부정결과 접촉(1일 정화)	출산/월경 유출(7일 이상)	시신 접촉 비정상 유출 문둥병(7일 이상)
짐승	희생 짐승 먹지 않음	희생 짐승 먹지 않음	희생 짐승 제사장 음식	정결한짐승 평민 음식	부정한 짐승	짐승 사체	
시간	속죄일	절기와 안식일			평일		

라이트는 가장 거룩한 것, 좀더 거룩한 것, 그리고 일반적으로 거룩한 것 이렇게 나누었습니다. 그리고 부정결도 사소한 부정결,

---
21) P. P. Jenson, *Graded Holiness: A Key to the Priestly Conception of the World*, (Sheffield: Sheffield Academic Press, 1992), 37.

일반 부정결, 중대한 부정결로 나눴습니다. 다만 정결만 중립적이고 기본적 상태라는 것입니다. 이렇게 정결은 항상 기본 상태이고 중립 상태입니다. 그리고 거룩의 전제 조건이었습니다.

우리가 참된 거룩을 회복하기 위해서는 먼저 정결한 상태부터 회복해야 합니다. 항상 정결한 상태를 유지해야 합니다. 그래야 언제든지 우리가 하나님께 헌신할 수도 있고 하나님께 나아갈 수도 있습니다. 우리 자신을 하나님께 산 제물로 드릴 수가 있습니다. 정결하지 않으면 하나님이 받으시지도 않습니다. 또 우리가 부정한 것을 하나님께 드릴 수도 없습니다. 그러므로 내가 먼저 정결한 상태를 유지해야 합니다. 정결한 상태를 유지할 때 하나님께서 임재하시고 찾아오십니다. 그리고 우리가 하나님의 제의에 참석할 수 있고 하나님께 헌신할 수 있습니다.

우리가 정결을 먼저 회복하고 유지하는 것이 얼마나 중요한 것인지 알 수 없습니다. 그래서 레위기는 여러 장, 즉 레위기 11-15장을 할애하여 정결법을 제시해 주고 있습니다. 레위기 11-15장은 전부 정결과 부정결에 대해서 말하고 있습니다. 그리고 부정한 사람이 어떻게 정결하게 될 것인가를 말하고 있습니다. 이 말씀이 기록된 배경이 무엇인지 아십니까? 바로 나답과 아비후가 하나님 앞에 예배법을 무시하고 하나님께 다른 불을 드려서 즉사한 사건 이후에 이 정결법을 하나님께서 주셨습니다.

그러므로 이 정결법을 주신 하나님의 숨은 의도가 무엇인지를 우리가 추측할 수 있지 않겠습니까? 바로 정결해야 거룩을 회복할 수 있다는 것입니다. 그래서 레위기 11장부터 15장까지 정결법을 말하고 나서 드디어 레위기 16장에 와서 대속죄일이 소개되고 있습니다. 다시 말하면 거룩은 정결이 전제되어야 한다는 것입니다. 그러므로 우리는 언제나 정결한 삶을 살아야 합니다. 항상 하나님 보시기에 정결한 상태를 유지해야 합니다.

> ♪ 주여 정결하게 하소서 오늘 하루하루 순간을
> 주가 주신 힘으로 정결하기 원하네
> 주여 나를 정결하게 하소서
>
> 주여 순결하게 하소서 오늘 하루하루 순간을
> 주가 주신 힘으로 순결하기 원하네
> 주여 나를 순결하게 하소서

정결과 부정결에 관한 상세한 규정들

레위기 11장에서 15장까지는 전부 정결과 부정결에 관한 말씀입니다. 레위기 11장은 부정한 짐승과 정결한 짐승을 구분해 주고 있습니다. 부정한 짐승은 절대 먹지 말고 정결한 짐승만 먹으라는 것입니다. 그렇게 해서 정결한 삶을 살라는 것입니다. 레위기 12장은 산모의 부정함을 지적해 주고 있습니다. 왜 산모는 아이 출산 후에 부정한가, 그것은 출산 후에 수많은 출혈이 있었기 때문입니다. 출산 자체는 아주 지극히 자연스럽고 정상적인 현상이지만, 출산 이후에도 피가 비정상적인 방법으로 몸에서 빠져 나가지 않습니까? 그것은 생명의 원천과 기원의 상실을 의미합니다.

생명의 기운이 몸에서 빠져나간다는 것은 죽음과 가까워진다는 것입니다. 이것은 비정상적인 상태입니다. 그래서 산모가 부정하다고 말합니다. 이런 산모의 경우, 남자 아이를 낳았을 때는 40일이 지나야 산혈이 깨끗해지고 정결케 됩니다. 그러나 딸을 낳은 산모는 두 배입니다. 80일이 지나야 산혈이 깨끗해지고 정결하게 됩니다. 그런데 자동적으로 정결하게 되는 것이 아닙니다. 바로 번제와 속죄제를 하나님께 나아가 드려야 정결함을 입게 됩니다. 만약에 이런 기간에 남자가 아직 부정한 여자와 부부관계를 가지면 그 남자까지도 부정하게 됩니다. 이 기간에는 절대로 여자에게 다가가서는 안 됩니다. 이렇게 해서 정결한 삶을 살도록 했습니다.

레위기 13-14장은 심각한 피부 질환을 부정하다고 말합니다. 특별히 나병이라든지, 심각한 피부병을 부정하다고 합니다. 요즘으로 말하면 심한 아토피 같은 경우도 부정에 속할 것입니다. 왜 그럴까요? 나병 같은 경우는 질병이 전염되지 않습니까? 또 그런 중대한 피부 질환은 그것이 죽음의 증상을 나타내 보입니다. 바로 그런 심각한 피부병은 시체의 피부를 연상하게 해주기 때문입니다. 그러니까 그 상태는 비정상적인 상태요, 부정결이라고 지적했습니다. 그리고 그런 부정결을 어떻게 정결하게 하는가를 말합니다.

그런가 하면 레위기 15장은 왜 여러 신체의 유출들이 부정한가에 대해서 말합니다. 가령 월경이나 여인의 유출병, 남자의 몽정이나 자위 행위 등이 부정하다고 규정합니다. 왜 부정합니까? 그것은 비정상적인 방법으로 액체가 빠져나오기 때문입니다. 다시 말하면 생명의 원천인 피와 더불어 생명을 지탱하는 액체가 빠져 나오게 되기 때문입니다. 혹은 죽음을 초래하는, 아니면 죽음과 가까운 생명력의 액체가 비정상적인 방법으로 빠져나오기 때문에 그것을 부

정결하다고 규정했습니다.[22]

이런 경우는 어떻게 정결 예식을 통해서 다시 정결하게 되는가를 말합니다. 이렇게 해서 하나님의 백성들은 부정으로부터 정결함을 입어야 했습니다. 그래야 하나님께 나아갈 수도 있고 하나님께 드릴 수도 있습니다. 정결한 상태를 회복해야 하나님이 정결함 가운데 임재할 수도 있고 하나님이 그런 사람의 몸과 마음과 예물을 받을 수가 있다는 말입니다. 그럴 때 참된 거룩함이 회복이 되었습니다.

레위기 11장에 소개된 음식의 정결법

레위기 11-15장까지에서 우리의 가장 큰 관심을 끄는 것이 레위기 11장이라고 할 수 있습니다. 레위기 11장은 음식의 정결법을 말하고 있습니다. 하나님께서 얼마나 이스라엘 백성들에게 정결한 삶을 강조하셨는지 심지어는 먹는 것까지 간섭하시고 구별하셔서 정결한 삶을 지키게 하셨습니다. 그들의 가장 세밀하고 깊은 삶 속에까지 들어가셔서 정결한 삶을 살도록 세뇌시키셨습니다. 그러다 보니 이스라엘 민족 중에는 마음속으로 이렇게 투덜대는 사람도 있었을 것입니다.

"아니, 우리가 먹는 것까지도 하나님이 이토록 간섭하셔야 하는가. 먹는 것 하나 마음대로 먹지 못하다니, 복날이 와도 보신탕 하나도 못 먹고 산다니. 말이 된단 말인가."

---

22) 박윤선, 『성경주석: 레위기, 민수기, 신명기』(서울: 영음사, 1983), 108-10; 강병도, 『호크마 종합주석: 레위기』(서울: 기독지혜사, 1989), 264.

그러나 그 속에는 이스라엘 백성들의 의식 속에 정결한 삶을 의식화하고 세뇌시키려는 하나님의 깊은 뜻이 숨겨져 있었습니다. 그래서 하나님은 이스라엘 백성들에게 먼저 정한 동물과 부정한 동물을 구분하여 주셨습니다.

이스라엘 백성들이 먹을 수 있는 짐승은 어떤 것이었을까요?

> 레 11:1-3 여호와께서 모세와 아론에게 말씀하여 이르시되 이스라엘 자손에게 말하여 이르라 육지의 모든 짐승 중 너희가 먹을 만한 생물은 이러하니 모든 짐승 중 굽이 갈라져 쪽발이 되고 새김질하는 것은 너희가 먹되

> 신 14:4-5 너희가 먹을 만한 짐승은 이러하니 곧 소와 양과 염소와 사슴과 노루와 불그스름한 사슴과 산 염소와 볼기가 흰 노루와 뿔이 긴 사슴과 산양들이라

이스라엘 백성들이 먹을 수 있는 짐승은 주로 쪽발이 되고 되새김질하는 것들입니다. 이 짐승들은 초식동물로서 다른 짐승들에게 해를 주지 않는 조용하고 평화로운 짐승들입니다. 이 짐승들은 대부분 짐승의 정결 요건을 갖추어야 할 모든 조건을 갖춘 짐승이었습니다. 반면에 성경에서 철저하게 먹지 못하게 금하는 동물이 있습니다. 만약에 그들이 하나님이 금하신 짐승을 먹을 경우에는 당장 부정결한 백성으로 전락될 수밖에 없습니다. 그렇게 되면 엄한 정결 규례에 따라 몸을 다시 정결케 해야 했습니다.

레 11:4-7 새김질하는 것이나 굽이 갈라진 짐승 중에도 너희가 먹지 못할 것은 이러하니 낙타는 새김질은 하되 굽이 갈라지지 아니하였으므로 너희에게 부정하고 사반도 새김질은 하되 굽이 갈라지지 아니하였으므로 너희에게 부정하고 토끼도 새김질은 하되 굽이 갈라지지 아니하였으므로 너희에게 부정하고 돼지는 굽이 갈라져 쪽발이로되 새김질을 못하므로 너희에게 부정하니

그뿐입니까? 하나님은 부정한 짐승을 먹지도 말 뿐만 아니라 그 주검을 만지지도 말라고 하셨습니다. 그걸 만져도 부정하게 되기 때문입니다.

레 11:8 너희는 이러한 고기를 먹지 말고 그 주검도 만지지 말라 이것들은 너희에게 부정하니라

하나님은 이처럼 먹을 수 있는 짐승과 먹지 못하는 짐승을 구분하심으로써 이스라엘 모든 백성들에게 삶의 모든 부분에서 정결하게 살아가는 훈련을 시키셨습니다. 그래서 이스라엘 백성들은 음식을 먹을 때도 이렇게 생각했을 것입니다.

'우리는 하나님이 택하신 거룩한 백성이야, 음식 하나까지도 먹을 수 있는 것과 먹을 수 없는 것을 구분해 주셨어, 왜냐하면 우리가 정결한 백성이 되어야 하기 때문이야. 정결한 백성이 될 때 우리가 하나님께 나아가며 거룩한 백성으로 살아갈 수 있기 때문이야.' 그리고 자신들뿐만 아니라 자식들까지 교육시키며 정결 훈련을 했을 것입니다.

어류, 조류, 곤충의 정-부정결 구분

하나님께서는 어류 역시 먹을 수 있는 것과 먹지 못하는 것을 구분해 주셨습니다. 물고기 중에서도 비늘이 있고 지느러미를 가진 것들을 먹을 수 있습니다. 그러나 지느러미가 없거나 비늘도 없고 땅 속 깊고 더러운 곳에서 사는 물고기들은 먹지 말라고 했습니다. 그런 것들은 가증하기 때문입니다.

레 11:9-12 물에 있는 모든 것 중에서 너희가 먹을 만한 것은 이것이니 강과 바다와 다른 물에 있는 모든 것 중에서 지느러미와 비늘 있는 것은 너희가 먹되 물에서 움직이는 모든 것과 물에서 사는 모든 것 곧 강과 바다에 있는 것으로서 지느러미와 비늘 없는 모든 것은 너희에게 가증한 것이라 이들은 너희에게 가증한 것이니 너희는 그 고기를 먹지 말고 그 주검을 가증히 여기라 수중 생물에 지느러미와 비늘 없는 것은 너희가 혐오할 것이니라

뿐만 아니라 하나님께서는 조류도 먹을 수 있는 것과 먹을 수 없는 것들을 구분해 주셨습니다.

레 11:13-19 새 중에 너희가 가증히 여길 것은 이것이라 이것들이 가증한즉 먹지 말지니 곧 독수리와 솔개와 물수리와 말똥가리와 말똥가리 종류와 까마귀 종류와 타조와 타흐마스와 갈매기와 새매 종류와 올빼미와 가마우지와 부엉이와 흰 올빼미와 사다새와 너새와 황새와 백로 종류와 오디새와 박쥐니라

특별히 새는 부정한 것들을 먼저 이야기하고 있습니다. 여기 나오는 부정한 조류들은 다른 새나 짐승을 잡아먹고 피째 먹는 맹금류입니다. 또는 썩은 시체를 먹고 사는 가증한 새들입니다. 아니면 다른 새들과 잘 어울리지 못하고 홀로 떨어져서 슬피 울거나 돌아다니는 새들을 먹지 못하게 했습니다. 그러므로 이스라엘 백성들은 하늘을 나는 새들을 보면서도 저것은 먹을 수 있는 것, 저것은 먹을 수 없는 것이라고 구분하면서 서로 이야기를 나누었을 것입니다.

어떤 똘기 있는 놈이 이렇게 말합니다.

"야, 우리 타조 한번 잡아먹어 보자. 얼마나 몸통이 크고 맛있게 생겼냐. 또 우리가 까마귀나 부엉이를 한번 잡아먹어 보자"

그러면 옆에 있는 믿음이 좋고 경건하며 거룩한 삶을 사는 사람이 이렇게 말했을 것입니다.

"안 돼, 저런 새는 하나님이 절대로 먹지 말라고 구분해 놓으신 거야. 우린 먹고 싶어도 참아야 해. 정 먹고 싶으면 메추라기나 비둘기를 잡아먹자."

이처럼 이스라엘 백성들은 일상생활 속에서도 철저하게 하나님의 말씀을 따라 살아가는 정결 훈련을 하였습니다.

또한 하나님은 곤충도 먹을 것과 먹지 못할 것을 구분하셨습니다.

레 11:20-23 날개가 있고 네 발로 기어 다니는 곤충은 너희가 혐오할 것이로되 다만 날개가 있고 네 발로 기어 다니는 모든 곤충 중에 그 발에 뛰는 다리가 있어서 땅에서 뛰는 것은 너희가 먹을지니 곧 그 중에 메뚜기 종류와 베짱이 종류와 귀뚜라미 종류와 팥중이 종류는 너희가 먹으려니와 오직 날개가 있고 기어다니는 곤충은 다 너희가 혐오할 것이니라 날개가 있으나 네 발로 기어 다니는 곤충들은 부정하게 취급이 되었습니다. 그러나 날개가 있고 네 발로 기면서 메뚜기같이 두 발로 뛰는 다리가 있는 것은 정결한 것으로 구분을 했습니다. 레위기의 정결 규례가 얼마나 세밀한 부분까지 살피고 있는가를 잘 보여주는 부분입니다. 뿐만 아니라 하나님께서는 기타 부정한 것까지 말씀해 주셨습니다. 특별히 땅의 기는 것들은 뱀과 같이 다 부정한 것이므로 먹지 말라고 했습니다.

> 레 11:29-30 땅에 기는 길짐승 중에 네게 부정한 것은 이러하니 곧 두더지와 쥐와 큰 도마뱀 종류와 도마뱀붙이와 육지 악어와 도마뱀과 사막 도마뱀과 카멜레온이라

이처럼 하나님께서는 먹는 것을 통해서 정결한 백성들이 되도록 훈련하셨습니다. 그 먹는 것을 통해서 이스라엘 백성들은 항상 정결이 연상이 되고 의식화되었습니다. 그렇게 정결한 상태가 될 때 비로소 하나님께 거룩을 입을 수 있기 때문입니다. 그러므로 우리도 언제나 정결을 연상하며 살아야 합니다. 정결을 의식하며 살아야 합니다. 정결한 영성에 생명을 걸며 살아야 합니다.

짐승, 어류, 곤충의 정-부정결 구분에 대한 견해들

하나님은 어떤 기준을 통해서 짐승이나 어류나 곤충을 정한 것과 부정한 것으로 분류를 하셨을까요? 무슨 기준을 통해서 정결한 것과 부정한 것으로 분류를 해 놓으셨느냐는 말입니다. 이것은 학

자들간에 엄청난 이견이 있고 서로간의 반론을 제기하고 있습니다만, 대체적으로 요약하면 이런 견해와 주장들이 있습니다.

(1) 보건 의학적인 해석입니다.

주로 안식교 쪽에서 주장하는 해석입니다. 먹지 말라는 것은 건강에 해롭고 먹으라는 것은 건강에 유익하다는 것입니다. 그런데 이러한 해석이 어느 정도 일리가 있는 줄 알았는데 요즘 현대 의학계에 의해서 그런 해석은 잘못되었다는 것이 증명되고 있습니다.

(2) 상징적, 풍유적인 해석입니다.

먹으라고 하는 짐승은 다 영적인 의미나 교훈을 준다는 것입니다. 가령, 쪽발이 갈라진 것은 세상과 구별하는 것을 의미하고 되새김질하는 것은 말씀을 묵상하는 영적 의미를 준다는 것입니다. 또 메뚜기 같은 것도 하늘을 소망하고 살아가는 성도의 모습을 보여 준다는 것입니다. 언뜻 보면 굉장히 은혜가 되기도 합니다. 그러나 이러한 풍유적 해석은 전체적 문맥과 맞지도 않을 뿐만 아니라 본문의 의도와는 상관이 없는 해석입니다.

(3) 하나님께서 임의적으로 결정하셨다는 해석입니다.

여기에는 어떤 원칙이나 기준이 없다는 것입니다. 하나님께서 마음대로 그렇게 정하셨다는 것입니다. 그러나 우리 하나님께서 기준이나 원칙도 없이 먹을 것과 먹지 못할 것을 구분해 주셨겠습니까?

(4) 제사 기원설입니다.

이방 제사 기원설도 있고 이스라엘 제사 기원설도 있습니다. 그러나 이것이 맞지 않는 이유는, 물고기를 제물로 드린 적이 없기 때문입니다. 타당하지 않은 해석입니다.

(5) 자연과 문화적 해석입니다.

같은 짐승이지만 문화를 지배하고 인간 세계를 침해하는 것은 부정결하다는 것입니다. 특별히 인간만이 육식을 허락받았는데 짐승도 육식을 하게 되면 인간의 문화를 침입한다는 것입니다. 그러면 물고기라든지 곤충 같은 경우를 어떻게 설명을 하느냔 말입니다.

(6) 구조주의 인류학에 의한 해석입니다.

유명한 인류학자이자 구약학자인 더글라스가 주장했던 해석입니다. 이 여섯 가지의 해석 가운데 더글라스의 해석이 가장 성경에 가깝고 그의 공헌이 지대하다고 할 수 있습니다.

정-부정결에 대한 더글라스의 이론

더글라스는 여자로서, 문화인류학자였습니다. 그녀는 레위기 11장의 음식 정결법에 큰 호기심을 갖고 구약을 연구하여 구약학계에 큰 충격을 준 사람입니다. 그녀의 이론을 요약하자면, 불결한 것과 부정한 것은 무질서하고 변칙적인 것, 혹은 자리를 이탈한 상태를 말합니다. 정결은 질서에 부합한 것이고 흠이 없는 완전한 상태이며, 부정결은 무질서하고 흠이 있는 불완전한 상태라고 말합니다.

이러한 기준에 의해서 더글라스는 생태계를 3중적으로 구분하고 있습니다. 첫 번째는 공중, 두 번째는 지상, 세 번째는 수중으로 말입니다. 삼중적 생태계로 구분을 해 놓고 정결한 짐승과 부정결한 짐승의 기준을 다음과 같이 정의해 놓았습니다.

　공중 : 새 중에서 공중과 수중의 두 영역을 넘나드는 것은 부정함
　지상 : 가축의 신체 특징인 갈라진 굽과 새김질을 보편적으로 적용
　　　　해서 그런 기준을 갖춘 짐승들만 정결함
　수중 : 지느러미와 비늘이 요구됨

여기서 기는 것은 모두 부정하다는 것입니다. 왜냐면 그것이 불확실한 이동 방식을 지니기 때문입니다. 그것들은 물고기도 짐승도 새도 아니라는 것입니다. 한편, 금지된 새들은 대체로 수중으로 다이빙을 해서 잠수를 하기 때문에 물고기를 흉내 낸다는 것입니다. 따라서 이것들도 영역을 넘나들므로 부정하다는 것입니다. 그러나 사실은 이 더글라스의 주장만으로 모든 짐승이 구분되는 것은 아닙니다. 그래서 더글라스의 이론에 많은 신학자들이 반론을 폈습니다.

더글라스 역시 그 많은 반론을 맞고 자신의 이론을 포기하기도 했습니다. 그럼에도 불구하고 더글라스의 해석에는 상당한 성경적 원리도 있고 성경적 주장을 담고 있기도 합니다. 그러므로 이러한 더글라스의 이론이 부분적으로는 타당하다고 평가를 하면서 좀더 성경 전체가 주장하고 강조하는 원리를 포함시켜야 합니다. 바로 그것을 알기 위해서는 레위기 11-15장에 나열되는 부정결의 궁극

적 근원이 무엇인가를 살펴볼 필요가 있습니다.

레위기 11-15장을 관통하는 주제, 죽음과 피 흘림

레위기 11-15장을 쭉 관통하는 하나의 주제가 있습니다. 그것은 바로 죽음과 피 흘림입니다. 레위기를 보면 죽음과 가까이 하거나 죽음의 결과인 시체와 접촉하면 무조건 부정하게 됩니다. 그리고 피를 흘리거나 비정상적인 방법으로 유출을 하는 것도 다 부정한 것으로 간주됩니다. 또 죽음과 가깝거나 죽음을 흉내 내는 피부병, 이게 전부 다 부정하지 않습니까?

그러므로 레위기의 부정한 동물과 정결한 짐승을 구분하는 가장 궁극적이고 근원적인 기준은 바로 죽음과 피의 관점에서 보아야 합니다. 그렇게 볼 때 레위기 11장에서 자연계는 4중적 범주로 구분이 되고 다음과 같은 이유로 부정결한 짐승이 구분됩니다.

"공중의 조류 - 찢어서 피 채 먹는 맹금류, 혹은 고기를 삼키는 육식 조류"
죽음과 피 흘림과 연관되어 있기 때문에 다 부정합니다.

"지상의 짐승 - 찢어서 피째 먹는 육식 동물"
이런 것도 당연히 부정할 수밖에 없습니다. 그러나 쪽발이나 되새김질 하는 것들은 절대로 그런 짐승이 아니기 때문에 정결합니다.

"지표의 짐승 - 배가 지표면에 닿는 동물이나 땅 속에 사는 것"
이것 역시 대부분 죽음과 가깝거나 죽음을 흉내 내는 짐승이기 때문에 부정합니다.

"수중의 어류 - 육식 어류와 물 속 맨 밑바닥에 기어 다니면서 사는 물고기"

육식 어류야 피째 고기를 잡아먹으니까 말할 것도 없습니다. 또한 물 속 밑바닥에 기어 다니며 살아가는 물고기도 죽음, 저 밑바닥 땅 속에서 죽음의 경계와 가깝게 사는 것으로 간주되어 부정한 물고기로 구분이 되었습니다.

부정결의 근본적 기준, 피와 죽음

이와 같이 모든 부정결은 피와 죽음이 근원이었습니다. 그러니 부정결의 근본적 기준도 피와 죽음이었습니다. 그런 의미에서 오늘날 불평, 불만, 의심, 낙심, 남을 험담하고 공격하고 정죄하는 것도 부정결이라고 할 수 있습니다. 죽음, 피와 가까운 것이기 때문입니다. 그런데 이 부정이 계속되면 심각한 죄가 됩니다. 따라서 정결은 거룩 회복의 전제가 아닐 수 없었습니다. 또 거룩과 부정결 사이에 중립적인 존재였습니다. 그러므로 정결도 얼마나 중요한지 모릅니다. 그러기 때문에 이스라엘 백성들은 항상 정결을 위해 얼마나 노력했는지 모릅니다.

특별히 이스라엘 백성들에게는 항상 정결탕이 있었습니다. 유출하고 부정한 이방인을 만났다든지 부정한 물건을 손댔다든지 하면 당장 정결탕에 가서 몸을 씻었습니다. 왜냐면 정결을 유지하기 위해서였습니다. 이런 이야기를 하려면 한도 끝도 없습니다. 심지어 이스라엘 백성들 가운데 서기관은 성경을 써 내려가다가 야훼라는 말만 나와도 정결탕에 가서 목욕을 하고 다시 붓을 씻고 여호와의 이름을 써 내려갈 정도였습니다. 그만큼 그들은 정결을 귀중하게 생각했습니다.

오늘 우리도 정결을 지키는 데 온 노력을 다해야 합니다. 특별히 우리 신약백성들은 칭의적 정결을 받은 사람들입니다. 우리는 칭의적 정결 위에 영적 정결을 지키기 위해서 올인해야 합니다. 뿐만 아니라 우리는 윤리적 정결과 도덕적 정결을 유지하는데도 최선을 다해야 합니다. 왜냐면 그래야 우리가 언제든지 하나님께 나아갈 수 있고 헌신할 수 있고 거룩함을 회복할 수 있기 때문입니다. 또 계속 거룩함을 지키기 위해서는 정결해야 하기 때문입니다.

특별히 우리 그리스도인은 주님의 신부입니다. 그렇다면 신부가 신랑에게 갖추어야 할 것이 무엇입니까? 몸매입니까? 재력입니까? 아무리 몸매가 좋고 강남에 아파트를 가지고 있는 신부라 할지라도 신부가 신랑 앞에 정결하지 못한 여자라면 어찌 되겠습니까? 신부에게 가장 중요한 것은 정결입니다. 그러므로 오늘 우리도 주님 앞에 정결한 영성을 소유해야 합니다. 바벨론의 음녀들이 황홀한 미소를 지으며 쾌락과 음란의 잔을 권하며 유혹하고 있을 때 우리는 주님 앞에 더 깨끗한 정결을 소유해야 합니다. 정말 주님 앞에 순결한 처녀로 서 있어야 합니다.

그래서 사도 바울은 자신의 목회 사역을 그리스도께 정결한 처녀를 드리는 중매쟁이 사역이라고 고백했습니다.

> 고후 11:2 내가 하나님의 열심으로 너희를 위하여 열심을 내노니 내가 너희를 정결한 처녀로 한 남편인 그리스도께 드리려고 중매함이로다……

우리 모두 정결한 영성에 생명을 걸어야 합니다. 순수한 신앙을 지키며 순교적인 각오를 갖고 우리 모두 정결을 지키며 나아가야 합니다.

"오 주여, 우리에게 정결을 주옵소서. 생명을 걸고 정결에 올인하게 하옵소서. 그리고 그 정결을 통하여 언제나 거룩함에 이르게 하옵소서. 거룩한 길을 걷게 하시고 거룩한 삶을 살게 하옵소서."

> ♪ 내 마음에 주를 향한 사랑이
> 나의 말엔 주가 주신 진리로
> 나의 눈에 주의 눈물 채워주소서
> 내 입술에 찬양의 향기가
> 두 손에는 주를 닮은 섬김이
> 나의 삶에 주의 흔적 남게 하소서
> 하나님의 사랑이 영원히 함께 하리
> 십자가의 길을 걷는 자에게
> 순교자의 삶을 사는 이에게
> 조롱하는 소리와 세상 유혹 속에도
> 주의 순결한 신부가 되리라
> 내 생명 주님께 드리리

6. 거룩한 의협심을 가져라!

"여호와께서 모세에게 말씀하여 이르시되 제사장 아론의 손자 엘르아살의 아들 비느하스가 내 질투심으로 질투하여 이스라엘 자손 중에서 내 노를 돌이켜서 내 질투심으로 그들을 소멸하지 않게 하였도다 그러므로 말하라 내가 그에게 내 평화의 언약을 주리니 그와 그의 후손에게 영원한 제사장 직분의 언약이라 그가 그의 하나님을 위하여 질투하여 이스라엘 자손을 속죄하였음이니라"(민 25:10-13).

레위기의 목표는 우리를 향한 하나님의 목표이기도 합니다. 그 목표는 "하나님의 백성들의 거룩의 회복"입니다. 왜냐하면 하나님은 거룩한 분이시고, 하나님만이 거룩의 본체이시기 때문입니다. 또한 거룩이란, 오직 하나님께만 속한 것이고 하나님의 속성의 연장이기 때문입니다. 그러므로 하나님의 백성은 반드시 하나님의 거룩을 회복해야 합니다. 그리고 거룩으로 승리해야 합니다.

> 레 11:45 나는 너희의 하나님이 되려고 너희를 애굽 땅에서 인도하여 낸 여호와라 내가 거룩하니 너희도 거룩할지어다

> 레 19:2 너는 이스라엘 자손의 온 회중에게 말하여 이르라 너희는 거룩하라 이는 나 여호와 너희 하나님이 거룩함이니라

그러므로 하나님 앞에 거룩하지 않은 것은 다 세속적입니다. 왜냐하면 세속은 거룩과 반대되는 개념이기 때문입니다. 그런데 이 거룩 안에도 두 그룹이 있습니다. 바로 '정결'과 '부정'입니다.

> 레 10:10 그리하여야 너희가 거룩하고 속된 것을 분별하며 부정하고 정한 것을 분별하고

이 '정결'은, "중립상태" 혹은 "기본상태"라고 했습니다. 바로 이런 정결한 상태가 되어야 거룩을 회복한다고 했습니다. 그런데 부정한 것이 곧바로 거룩한 것이 될 수는 없습니다. 부정한 것은 먼저 정결함을 입어야 그 정결과정을 통해 거룩을 회복할 수 있습

니다. 그러므로 부정하게 된 것은 반드시 정결화의 과정을 거쳐야 합니다. 먼저 정결부터 회복해야 한다는 말입니다. 그리고 그것이 다시, 하나님께 구별되게 드려져야만 거룩하게 됩니다.

물론 거룩한 것도 오염되거나 세속화되면 부정하게 됩니다. 그렇게 되면 다시 정결부터 회복해야 합니다. 그리고 그 정결을 회복한 후에, 다시 거룩으로 회복하게 됩니다.

젠슨의 거룩과 정결 상태 도표

바로 이러한 "거룩과 정결" 상태의 흐름을, 젠슨이라는 신학자가 도표로 준비했습니다.[23]

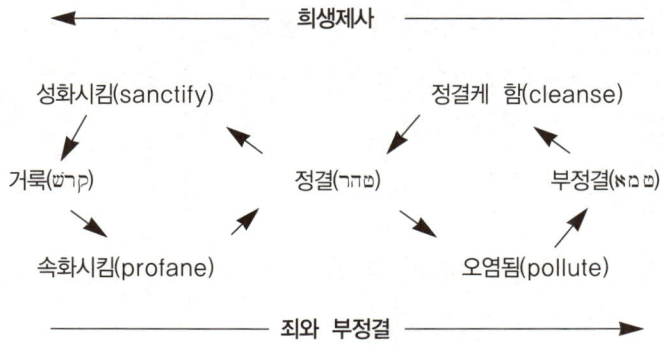

그러므로 하나님의 백성은 언제나 정결하고 거룩한 상태가 되어야 합니다. 또한 아무리 정결한 상태가 되어 있다 하더라도 거룩

---

23) P. P. Jenson, *Graded Holiness: A Key to the Priestly Conception of the World*, (Sheffield: Sheffield Academic Press, 1992), 47.

하지 않으면 안 됩니다. 왜냐하면 하나님의 백성의 목표가 '거룩의 회복'에 있기 때문입니다. 그러므로 하나님의 백성은 항상 정결한 상태가 유지되어 있어야 하고 그 정결을 넘어 항상 거룩한 사람이 되어 하나님 보시기에 거룩한 삶을 살아야 합니다. 그러기 위해서는 항상 자신의 삶을 하나님께 드리고 헌신해야 합니다. 자신의 삶이 언제나 하나님께 속하고 구별되어 있어야 합니다. 아니, 하나님께 바쳐지고 헌신되어 있어야 합니다.

오늘날 우리가 아무리 개인적으로 경건한 삶을 살고 정결한 삶을 산다 해도 하나님 보시기에 거룩하지 않으면 안 됩니다. 아무리 내가 도덕적으로 윤리적으로 깨끗한 삶을 산다 해도 하나님 앞에 우리의 삶이 드려져야 합니다. 정말 어떤 사람은 도덕적, 윤리적으로 거의 흠이 없는 경우도 있습니다. 결함이 없기에 사람들로부터 존경받습니다. 그러나 아무리 그런 삶을 산다 할지라도 그 삶이 하나님께 드려지거나 헌신되지 않으면 하나님 앞에서는 결코 거룩한 사람이 될 수 없습니다. 반드시 그 정결한 삶은 하나님께 드려지고 헌신되어야 합니다.

거룩과 세속, 정결과 부정결 이론

그런 의미에서 앞에서도 언급한 바와 같이 신학자 라이트(Wright)는 '거룩과 세속', '정결과 부정'을 이렇게 나누어 설명합니다.

1) 세속 – 정결

이 상태는 하나님 앞에 중립적이고 기본적인 상태입니다. 그러나 이 상태는 아직 거룩한 상태가 아닙니다. 아무리 정결하다 하더라도 하나님께 드려지고 속하게 되어야 거룩하게 되기 때문입니다. 아무리 흠 없는 양이라 하더라도 그것이 하나님께 드려져야 거룩한 제물이 됩니다. 사람도 마찬가지입니다. 그 사람이 아무리 도덕적으로 정결한 삶을 산다 할지라도 그가 하나님께 나아와야 합니다. 하나님께 바쳐져야 됩니다. 하나님께 자신의 삶이 구별되어서 드려지고 헌신되어야 거룩하게 됩니다.

2) 세속 – 부정결

이것은 가장 바람직하지 않은 상태입니다. 정결의 반대인 '부정결'에, 거룩의 반대인 '세속' 상태이기 때문입니다. 그러므로 이 상태는 곧바로 거룩으로 회복될 수가 없습니다. 먼저 정결화 과정부터 거쳐야 합니다. 물론, 원래부터 '세속 - 부정결'한 짐승이나 동물은 정결할 수도 없고 하나님 앞에 드려질 수도 없습니다.

레위기 11장에 나오는 부정결한 짐승들은 정결할 수도 없고 하나님께 드려질 수도 없는 것입니다. 그러나 원래는 정결한 상태였든지 아니면 거룩한 상태에서 오염되어 부정하게 된 것은 정결예식을 통해 정결을 회복할 수 있습니다. 그리고 나서 그 정결을 통해서 거룩을 회복할 수 있는 것입니다.

더러운 옷을 입은 대제사장

스가랴서를 보면, 하나님께서 스가랴에게 몇 가지 환상을 보여

주시는데 그중 하나가 대제사장 여호수아에 관한 환상입니다. 스가랴가 환상 가운데 보니 여호수아가 하나님 앞에 서 있었습니다. 그런데 마치 불에 그을린 나무의 모습으로 서 있습니다. 다시 말하면, 여호수아가 너무 추잡스럽고 천박하며 더러운 모습으로 서 있었습니다. 그 모습을 보고 사탄이 여호수아를 얼마나 조롱하였는지 모릅니다.

> 슥 3:1-3 대제사장 여호수아는 여호와의 천사 앞에 섰고 사탄은 그의 오른쪽에 서서 그를 대적하는 것을 여호와께서 내게 보이시니라 여호와께서 사탄에게 이르시되 사탄아 여호와께서 너를 책망하노라 예루살렘을 택한 여호와께서 너를 책망하노라 이는 불에서 꺼낸 그슬린 나무가 아니냐 하실 때에 여호수아가 더러운 옷을 입고 천사 앞에 서 있는지라

이 말씀이 무엇을 의미하는 환상인 줄 아십니까? 지금 이스라엘의 대제사장 여호수아는, 이스라엘 백성의 대표입니다. 그런데 대제사장이었음에도 불구하고 하나님 보시기에 너무 추잡스럽고 더러운 옷을 입고 있었단 말입니다. 바로 그 모습이 하나님 보시기에 '세속-부정결'의 모습이었단 말입니다. 따라서 이 환상은 인간적이고 세상적으로 볼 때는 이스라엘 백성들이 메대 파사의 권력 때문에 성전 건축을 못하는 것처럼 보였지만 영적으로 볼 때는 사탄의 장난과 계략 때문에, 성전을 못 짓고 있다는 것을 보여주는 환상입니다.

대제사장이 더러운 옷을 입게 된 이유

여기에 대한 배경을 알아야 하는데, 남 왕국 유다 백성이, 바벨론 포로가 끝나고, 고레스 왕의 칙령으로 예루살렘으로 돌아왔습니다. 그들이 예루살렘에 돌아와서 제일 먼저 한 일은 하나님의 성전을 건축하는 일이었습니다. 그들이 하나님의 성전을 건축하기 시작할 때 얼마나 감격했는지 모릅니다. 너무나 감격해서 울며 기쁨으로 성전을 지었습니다. 그런데 사마리아인들이 방해를 하였습니다. 그래도 그들은 믿음으로 하나님의 집을 지어 나갔습니다.

그러자 사마리아 백성들이 메대 파사의 아닥사스다 왕에게 상소를 올렸습니다. 요즘으로 말하면 민원을 넣은 것입니다.

"저 남유다 놈들이, 메대 파사를 배반하려고, 성전을 짓고 있습니다."

그러자 아닥사스다 왕이 진노하여, 당장 중지령을 내렸습니다. 그래서 16년 동안 하나님의 성전 건축이 중단되었습니다. 사실은 스룹바벨과 여호수아가 죽을 각오를 하고 성전 건축을 진행했어야 하는데, 세상 권력에 주눅이 들고 기가 죽어서 그만 성전 건축이 중단되어 버리고 말았습니다. 온 백성이 한마음, 한뜻으로 똘똘 뭉치고, 기도하며 믿음으로 밀어붙였으면 할 수 있는 일을 그들은 기도하지도 않고, 포기해 버린 것입니다.

사마리아 사람들이 투서를 하고 진정을 내면 그들은 더 강한 진정을 내고 아닥사스다 왕을 설득했어야 했는데 그들은 그만 세상 권력 앞에 무릎을 꿇어 버리고 말았습니다. 그래서 지금 사탄이 대제사장을 조롱하고 있고 모욕하고 있는 것입니다. 아니, 그것은 이스라엘 전 민족을 조롱하고 모욕하는 것입니다. 바로 그런 조롱을 받고 있는 대제사장 여호수아, 아니 이스라엘 백성들의 모습이, 불에 그슬린 나무와 같고 추잡하고 더러운 옷을 입은 여호수아의 모습과 같다는 것입니다.

타다 남은 나무가, 얼마나 추잡스럽게 보입니까? 옛날 부엌에서 사용하던 부지깽이가 기억나십니까? 이 부지깽이는 지팡이도 아니고 막대기도 아닙니다. 불에 타다 남은 그을린 부지깽이가 얼마나 추잡스럽게 보입니까? 더구나 이스라엘의 대제사장은 영광스러운 옷을 입어야 합니다. 그가 세마포 옷을 입든지 대제사장의 정복을 입어야 영광스럽게 보일 것 아닙니까? 그러나 환상을 보니, 가장 추잡스러운 옷을 입고 있습니다. 바로 이 상태가 '세속 - 부정결'의 상태였습니다.

대제사장을 거룩-정결케 하심

그렇다고 대제사장 여호수아가 원래부터 '세속 - 부정결'의 상태였습니까? 그것은 아니었습니다. 원래는 '거룩 - 정결'의 상태였습니다. 그런데 그의 믿음이 세속화되고 타락하자 부정결한 상태가 되어 버렸습니다. 그러므로 대제사장 여호수아는 원래 거룩하고 정결한 사람이었기에 다시 하나님 앞에 정결을 입을 수 있고 정결화 과정을 통해 거룩함을 회복할 수 있습니다. 그래서 하나님께서 여호수아가 입고 있던 더러운 옷을 벗기고 아름다운 옷을 입혀 주시지 않습니까? 그리고 정결한 관을 대제사장 여호수아에게 씌워줍니다. 또 깨끗한 옷을 입혀 주셨습니다. 이것은 하나님께서 하나님의 방법으로 정결화 작업을 해 주시고 또 거룩하게 하시겠다는 말씀입니다.

슥 3:4-5 여호와께서 자기 앞에 선 자들에게 명령하사 그 더러운 옷을 벗기라 하시고 또 여호수아에게 이르시되 내가 네 죄악을 제거하여 버렸으니 네게 아름다운 옷을 입히리라 하시기로 내가 말하되 정결한 관을 그의 머리에 씌우소서 하매 곧 정결한 관을 그 머리에 씌우며 옷을 입히고 여호와의 천사는 곁에 섰더라

하나님께서 이렇게 대제사장 여호수아를 정결하게 하시고, 거룩을 회복하도록 하시지 않습니까? 물론 이것은 스가랴 선지자가 환상을 통해 본 내용이지만 말입니다. 그래서 여호수아도 깨닫고, 자신과 온 이스라엘 회중을 위해 특별 속죄제를 드렸을 것입니다. 정결을 위한 속죄제, 또 속죄를 위한 속죄제, 그리고 예배를 드려서 정결과 거룩을 회복했을 것입니다.

뿐만 아니라, 번제와 화목제를 드림으로써 하나님과 아름다운 관계를 갖고 다시 성전건축을 재개했을 것입니다. 원래는 거룩하고 정결한 상태였는데 지금 내 모습이 너무나 세속적이고 부정결한 상태라고 생각되면 빨리 정결부터 회복해야 합니다. 그리고 거룩을 회복해야 합니다. 그것을 위해 우리가 정결을 사모하고 거룩을 갈망해야 합니다.

3) 거룩 - 정결

이 상태가 가장 바람직한 상태입니다. 하나님 앞에서 거룩하고 정결한 상태를 유지하고 있다는 말입니다. 그러니까 가장 바람직한 상태입니다. 구약에서는 거룩한 제사장이나 나실인, 그리고 성물들이 여기에 해당된다고 할 수 있습니다. 그리고 신약에서는 하

나님의 임재 속에서 하나님과 동행하고 오직 하나님의 영광과 명예를 위해 사는 사람이 이런 상태라고 이야기할 수 있습니다. 그는 하나님의 임재 속에 살면서 도덕적, 윤리적으로 정결을 소유한 사람입니다. 또한 율법적 정결을 소유한 사람입니다. 그러니 얼마나 아름답습니까? 얼마나 하나님 보시기에 심히 좋은 모습입니까?

거룩-정결 상태를 잘 유지하는 권사님

저의 영적 어머니이시자 장모님이신 정금성 권사님은 이런 '거룩과 정결' 상태를 잘 유지하고 계시는 것처럼 보입니다. 왜냐하면 날마다 교회 안에서 혹은 기도원에서 하나님과 동행하며 기도하며 사시기 때문입니다. 그리고 평생을 하나님의 제단에 한 알의 밀알이 되는 삶을 살고 계시기 때문입니다. 지금도 영적으로도 깨끗하고, 육적으로도 깨끗하게 살려고 합니다. 그러면서도 자신의 마음과 몸을 언제나 하나님께 드리는 삶을 살려고 합니다. 또 물질까지 잘 드립니다. 그러니까 '거룩-정결'의 상태를 잘 유지한다고 할 수 있습니다. 어떤 면에서 목사인 저보다 '거룩과 정결'의 상태를 더 많이 유지하십니다.

이런 면에서 보면 가끔 부럽기도 합니다. 제가 정 권사님의 위치에 있고, 정 권사님이 제 위치에 한번 있어 봤으면 좋겠습니다. 저 역시 '거룩과 정결' 상태를 많이 유지하지만 저는 교회 안에서만 살아가는 게 아닙니다. 기도만 하고 살지 않습니다. 저는 세상에 나가서 때도 묻혀옵니다. 교계에 나가서 부정을 묻혀 올 때도 있습니다. 이 사람 저 사람을 만나고 예수 믿지 않는 사람들까지 다 만납니다. 그들과 밥 먹고 교제합니다. 영향력의 지경을 넓히려다 보니 그렇습니다. 그러다 보니 영적으로 때가 묻고 부정이 틈탈 때가 있는 것입니다.

그럴 때마다 하나님 앞에 다시 나와서 영적인 부정을 씻습니다. 그것은 기도와 말씀 묵상입니다. 그리고 하나님의 임재 가운데 하나님을 찬양하고 하나님의 임재 속에서 다시 기도하고 말씀 읽으며 묵상하는 것입니다. 성경에서 '말씀과 기도'로 거룩하여진다고 했지 않습니까?

딤전 4:5 하나님의 말씀과 기도로 거룩하여짐이라

성령의 임재 가운데 말씀과 기도와 찬양을 함으로 거룩하게 됩니다. 아무튼 우리 모든 하나님의 백성들은 이런 가장 바람직한 상태를 유지해야 합니다. 다시 말해 영적으로 '거룩과 정결'의 상태를 유지해야 합니다. 그런데 어떤 사람들은 불평할지도 모릅니다. "아니, 정 권사님 같은 경우는, 날마다 교회 안에서만 살고, 날마다 기도만 하니, 얼마나 좋을까? 우리는 교회 밖에서 살고 세속에서 얼마나 많은 시간을 보내는데……누구는 인삼 먹고 누구는 무를 먹는가?"라고 말입니다.

치열한 삶의 현장에서 꽃 피우는 영성의 향기

그러나 정 권사님 같은 경우는, 나실인적 소명을 받은 사람입니다. 아니, 모든 사람이 다 교회 안에서 살고, 나실인처럼 살면 어떻게 되겠습니까? 그래서 저는 조선일보에 이런 에세이를 쓴 적이 있습니다.

"치열한 현실의 삶 속에서 더 거룩하고 경건한 영성의 향기를 뿜어야 한다!"

그런 사람은 오히려 수도원에서만 살아가는 사람보다 더 영적인 사람이고 거룩한 사람입니다.

교회 안에 갇혀 산다고 거룩하고 정결한 사람이 되는 것은 아닙니다. 비록 교회 안에서 살지는 않지만 우리의 삶의 현장에 하나님께서 임재하시고 우리가 그 임재 속에 산다면 그것이 거룩과 정결의 상태를 유지할 수 있습니다. 우리가 세속에 거한다 할지라도 거기에 하나님이 계시면 그곳이 천국이 될 수 있습니다. 거기가 하나님의 성소가 될 수 있다는 말입니다. 성경은 하나님께서 이스라엘의 찬송 가운데 거한다 말씀하지 않습니까?

시 22:3 이스라엘의 찬송 중에 계시는 주여 주는 거룩하시니이다

무슨 말씀입니까? 내가 있는 곳이 교회가 아닌 세상이라 하더라도 거기에서 기도하고 찬송하며 거기에 하나님이 임재하시면 거기가 하나님의 보좌라는 말입니다. 바로 기도하고 찬송하는 내 앞에 하나님의 보좌가 있습니다. 우리는 언제나 코람데오의 신앙으로 하나님의 보좌 앞에서 살아야 합니다. 하나님의 임재 속에서 언제나 하나님께 속한 삶을 살아가면 그것은 거룩하고 정결한 삶입니다. 뿐만 아니라 하나님의 영광과 하나님의 나라를 위해 헌신하는 삶을 살아가는 사람은 바로 거룩한 사람이고 정결한 사람입니다.

비록 세상에 거하지만, 하나님의 성품을 닮아가며 예수 그리스도의 인격을 닮아가는 사람은 여전히 거룩하고 정결한 사람입니

다. 수도원에서 은둔하며 사는 사람들을 부러워하지 말고 어디에 있든지 하나님과 동행하고 하나님의 임재 속에서 그분의 영광을 위해 살아야 합니다. 하나님 나라를 위해 헌신하는 삶을 살아야 합니다. 하나님께 온전히 속한 삶을 살아야 합니다. 그러면 우리가 정결하고 거룩한 삶을 살아가는 것입니다.

4) 거룩 – 부정결

원래 거룩하고 정결한 상태였는데 잠시 오염된 상태입니다. 부정결한 상태가 되어 버렸습니다. 그러나 한편으론 부정결한 상태인데 다른 한편으로는 거룩함을 유지하고 있습니다. 왜냐하면 그것이 하나님께 속해 있기 때문입니다. 하나님께 바쳐져 있습니다. 그러니까 한편으로는 거룩하고 다른 한편으로는 오염되어서 부정결한 상태에 있단 말입니다.

그래서 한편에서는 거룩이고 다른 한편에서는 부정결의 상태입니다. 따라서 '거룩 – 부정결' 한 상태는 완전한 상태라고 할 수는 없습니다. 여전히 모순 상태입니다. 그래서 빨리 부정결이 정결을 입어야 합니다. 그래서 대속죄일에 하나님의 성전의 제단까지 피로 세척했다고 했지 않습니까? 분명히 하나님의 성전의 제단은 거룩한데 죄로 말미암아 부정결하게 되었다는 말입니다. 이것이 '거룩과 부정결'의 상태입니다. 그러니까 그 부정결을, 속죄제의 피로 씻는 것입니다.

오늘날도 마찬가지입니다. 항상 성령 충만하고 생명나무를 선택하는 신앙을 가지며 하나님을 잘 섬기고 교회에 충성하는 사람이 있었습니다. 이 사람은 항상 감사와 찬양, 헌신의 삶만 사는 사람입니다. 그런데 어느 날 나도 모르게 선악과 과장과 친해졌습니다. 그러다가 보니 날마다 원망과 불평의 소리를 듣습니다. 그래서 나도 사람이다 보니 그런 말의 영향을 받아서 내 신앙도 부정하게 되며 내 영혼도 부정하게 되었단 말입니다.

그렇다면 빨리 하나님께 나와서 그 오염된 영혼과 부정하게 된 신앙을 주님의 보혈로 씻어야 합니다. 그리고 다시 하나님께 감사하고 찬양하며 헌신하는 삶을 살게 됨으로써 거룩을 회복하고 거룩한 삶을 살아가야 합니다. 또 이런 사람도 있습니다. 항상 성령 충만하고 생명나무 신앙을 가지며 하나님을 잘 섬겼지만 아무것도 아닌 것을 가지고 시험에 들었습니다. 그래서 나도 모르게 선악과를 따고 불평을 하며 원망을 했습니다. 그러면 내 믿음과 영혼이 부정하게 됩니다. 그러면 빨리 주님 앞에 와서 주님의 보혈로 씻김을 받고 정결함을 입어야 합니다. 다시 하나님께 헌신하는 삶을 살아야 합니다. 감사하고 찬양하며 하나님께 충성해야 합니다. 이렇게 거룩을 회복해야 합니다.

거룩-부정결의 합법적인 경우, 속죄제의 고기와 아사셀 염소

그러나 '거룩 - 부정결'의 상태가 하나님 보시기에 특별한 경우에는 합법적인 경우로 인정받는 경우도 있습니다. 대부분의 '거룩 - 부정결'의 상태는 바람직한 상태가 아니라 모순 상태라고 했지 않습니까? 그러나 특별한 경우에는 합법적인 것으로 인정받기도 했습니다. 예컨대, 바로 속죄제의 고기였습니다. 속죄제의 고기는 하나님께 드려졌기 때문에 원래가 거룩했습니다.

그런데 그 거룩한 고기가 백성들의 부정결을 흡수했지 않습니까? 그래서 그 고기 안에는 '거룩과 부정결'이 공존하고 있는 것입니다. 소위 말해서, '거룩한 모순'을 이루게 된 것입니다.

그러면 하나님께서 이 거룩한 모순을 어떻게 해결하셨다고 했습니까? 첫째는 제사장이 먹어서 그 거룩한 모순을 해결했다고 했습니다. 그리고 심각하게 오염이 된 고기는 저 영문 밖으로 가지고 나가서 태워버림으로 그 거룩한 모순을 해결했다고 했습니다. 얼마나 멋진 하나님의 방법입니까?

아사셀 염소도 마찬가지입니다. 아사셀 염소가 이스라엘 백성들의 죄를 전가 받고, 그 죄를 옮기는 상태는 '거룩 - 부정결'의 상태였습니다. 그러나 그 아사셀 염소가 광야에 내쫓기고 광야에서 피 흘려 죽을 때는 그 '거룩과 부정결'의 모순이 해결되고 모든 것이 완성됩니다. 그것도 특별한 경우이기에 합법적이었습니다.

오직 하나님의 영광을 위한다면

저는 이러한 진리를 우리의 삶에 현대적이고 구체적으로 적용할 수 있다고 생각합니다. 우리의 삶에도 아주 특별한 경우에 '거룩 - 부정결'이 하나님 보시기에 합법적이거나 묵인될 수 있다고 봅니다. 아주 특별한 경우지만 하나님께서 우리에게 특별한 예외를 주실 수도 있습니다. 그러나 그 동기는 오직 '하나님의 영광'이어야만 합니다. 거기에는 개인적인 사욕이나 욕망이 들어가서는 안 됩니다. 순전한 하나님의 영광과 명예만을 위해 나의 의협심의 발동으로 이루어져야만 합니다.

그 동기가 내게 있어서는 안 됩니다. 내 명예와 내 조건, 내 사욕이 1퍼센트라도 들어가서는 안 됩니다. 오로지 하나님의 거룩한 의협심만 그 동기가 되어야 합니다. 그런 거룩한 의협심이 동기가 되고 하나님의 영광과 명예와 하나님 나라를 위하는 것이라면 그 일을 하다가 내가 잠시 부정결을 입는다 하더라도 하나님은 그것을 어느 정도 합법적인 것으로 인정해 주신다는 것입니다. 물론 그런 경우마저도 하나님 앞에서 신속하게 영적인 정결을 회복해야 할 뿐만 아니라 예수 그리스도의 보혈로 우리 영혼을 깨끗하게 하는 과정을 거쳐야 하겠지만 말입니다.

발람의 간계

성경을 보면 '거룩-부정결' 상태의 합법적인 경우가 나옵니다. 바로 비느하스 사건입니다. 이스라엘 백성들이 40년의 광야생활을 마치고 모압 평지에 이르렀습니다. 이제 모압 평지를 지나서 요단강만 건너면 젖과 꿀이 흐르는 가나안 땅에 이르게 됩니다. 그런데 모압 왕 발락이 괜히 이스라엘 백성들을 질투합니다. 이스라엘 백성들이 번성하고 흥왕하는 것을 시기합니다. 자기들에게 아무 해도 끼치지 않았는데 이스라엘 백성들이 젖과 꿀이 흐르는 가나안 땅에 들어가는 것을 아주 못마땅하게 생각했습니다.

그래서 모압 왕 발락이 당시 가장 신통하다는 발람 선지자를 초청해서 이스라엘을 저주하라고 합니다. 당시 발람 선지자가 누구든지 저주만 하면 그 저주가 임한다고 소문이 났었습니다. 그래서 만신전의 박수무당 발람을 데려다가 이스라엘을 저주하도록 합니다. 그러나 아무리 발람이 이스라엘을 저주하려고 해도 하나님께서 발람의 입술을 주장해 버리시니까 그가 이스라엘을 축복해버렸습니다.

이 모습을 발락 왕이 보고 깨달아야 할 것 아닙니까? 한 번도 아니고 여러 번인데 말입니다. 그럼에도 불구하고 발락 왕은 계속 불쾌하게 생각합니다. 그러나 발람 선지자도 어떻게 할 수 없었습니다. 이스라엘을 저주하고 싶어도 이스라엘의 하나님 여호와께서 발람 선지자의 입술을 주관해버리시기 때문입니다. 그러나 발람 선지자는 은근히 발락이 제시하는 금은보화가 욕심이 났습니다. '이스라엘을 저주하면 저 엄청난 금은보화를 내가 받을 텐데……' 하는 아쉬운 마음이 들었습니다.

그래서 꾀를 내었습니다. 자기 능력으로는 이스라엘을 망하게 할 수 없으니 이스라엘을 망하게 하는 비책을 발락 왕에게 주었습니다. 그 비책이 무엇입니까? 바로 이스라엘로 하여금 이방신을 섬기는 올무에 빠지게 하고 함께 이방 신전의 우상제물과 음행의식에 참여하게 합니다.

> 계 2:14 그러나 네게 두어 가지 책망할 것이 있나니 거기 네게 발람의 교훈을 지키는 자들이 있도다 발람이 발락을 가르쳐 이스라엘 자손 앞에 걸림돌을 놓아 우상의 제물을 먹게 하였고 또 행음하게 하였느니라

발람이 발락에게 기가 막힌 아이디어를 주었습니다. 이스라엘 백성들로 하여금 모압의 그모스 신에게 제사 지낸 우상제물을 먹

게 하고 동시에 행음을 하게 한 것입니다. 당시 모압의 주신은 그모스입니다. 바알브올이라고도 불린 이 신은 바벨론의 마르둑이 변형된 것이었습니다. 바벨론의 마르둑이 모압에 와서는 그모스가 되고 가나안에 와서는 바알이 됩니다.

이방 종교의 타락한 풍요 축제

바벨론 신화를 보면 바벨론의 주신은 마르둑이고 그 아내는 담키나 혹은 이쉬타르입니다. 마르둑과 이쉬타르가 가나안에 와서는 바알과 아세라로 변형되고 모압에 와서는 그모스와 이쉬타르로 변형됩니다. 이렇게 보면 가나안이나 모압의 종교는 다 비슷비슷한 형태를 가지고 있습니다.

고대 근동의 종교들은 공통적으로 신년축제와 풍요축제를 행했는데 그때는 제사를 드린 후 사람들은 성창들과 혼음을 했습니다. 고대 근동 종교에서는 성창, 즉 종교창녀도 이방신에게 드려진 거룩한 여자였습니다. 그런 여자와 행음을 하는 것이 거룩한 의식이었습니다. 그래서 그들은 먼저 자신들의 주신에게 제사를 드립니다. 제물을 드리고 나면 성창들이 나와서 현란한 춤을 춥니다. 그렇게 춤을 추는 행위는 하늘에 있는 남신과 여신을 흥분시키기 위함입니다.

그렇게 성창의 현란한 춤이 절정에 이르면 맨 먼저 왕이 성창의 대표와 성행위를 합니다. 그리고 대신들이나 일반 백성들도 다른 성창들과 음행을 합니다. 만약 성창이 부족하게 되면 거기에 온 아무 여자나 붙들고 성행위를 합니다. 그렇게 하면 하늘의 신들, 즉 하늘의 남신과 여신이 흥분해서, 자기들끼리 성관계를 하게 되고 그렇게 될 때 땅에 비가 내린다는 것입니다.[24]

그러니까 이방 종교가 드리는 제사는, 일종의 기우 감사제라고 할 수 있습니다. "올해도 이렇게 비를 주셔서 복을 받았으니 내년에도 이렇게 복을 주옵소서. 내년에도 비를 많이 주옵소서……", 이렇게 기우제를 드립니다. 이것이 바로, 이방종교의 신년축제요, 풍요축제였습니다.

똑바로, 온전한 눈짓으로 봐야

발람이 발락에게 이런 힌트를 줍니다. 그것은 이스라엘의 유력한 자를 초청해서 풍요 제의에 참여하게 하는 것이었습니다. 전쟁을 하자는 것도 아니고 자기들의 풍요축제에 초청을 하니 이스라엘 백성들이 안심하고 올 것 아닙니까? 그것도 평민들을 초청한 것이 아니라 지도자급의 귀족들을 초청합니다.

그러나 그들이 그 풍요축제에 참여하기만 하면, 그들의 믿음은 완전히 박살나게 되어 있습니다. 오늘날 아무리 경건하고, 거룩하게 사는 사람도, 자꾸 음란한 그림과 영화를 보면, 그 사람의 마음은 음란하고 더럽게 되어 있습니다. 하물며, 광야 40년 동안 그런 것은 생각지도 못하고, 상상도 못한 사람들을 초청해서 그런 음란한 춤과 행위를 보여줬는데 어느 남자가 마음이 흔들리지 않겠습니까?

저는 신학생 시절 백암교회를 개척할 때 경건하고 거룩하며 성

---

24) 강성열, 「고대 근동의 신화와 종교」, 삼림출판사, 2006, 143-150.

령 충만한 청년이었습니다. 날마다 기도하고 성경 보며 찬양했던 청년이었습니다. 그런데 어느 날 영화 프로 간판 한 장면에 마음이 혹 가버렸습니다. 그 영화 제목은 "산딸기"였습니다. 육감적인 여배우의 노출 간판에 잠시 정신을 잃어버렸습니다. 그러므로 우리는 언제나 눈 관리를 잘 해야 합니다. 할 수만 있으면 이 세상의 더러운 것들을 안 봐야 합니다. 음란한 영화나 그림을 보지 말아야 합니다.

남자 분들은 휴대폰이나 PC의 성인 사이트에 들어가면 안 됩니다. 저는 아직도 인터넷을 할 줄 몰라서 어떻게 들어가는지 모릅니다. 우리의 눈 관리를 잘 하고, 할 수만 있으면 신령한 것들을 많이 보고 신령한 생각을 많이 해야 합니다. 거룩한 그림, 거룩한 영화, 거룩한 장면을 많이 보아야 합니다.

♪ 똑바로 보고 싶어요 주님 / 온전한 눈짓으로
　 똑바로 보고 싶어요 주님 / 곁눈질 하긴 싫어요
　 하지만 내 모습은 온전치 않아 / 세상이 보는 눈은
　 마치 날 죄인처럼 멀리하며 / 외면을 하네요
　 주님 이 낮은 자를 통하여 / 어디에 쓰시려고
　 이렇게 초라한 모습으로 / 만들어 놓으셨나요
　 당신께 드릴 것은 / 사모하는 이 마음뿐
　 이 생명도 달라시면 / 십자가에 놓겠으니
　 허울뿐인 육신 속에 / 참 빛을 심게 하시고
　 가식뿐인 세상 속에 / 밀알로 죽게 하소서

미디안 여자들의 음란한 춤 앞에

발람이 주는 힌트를 듣고 발락이 이스라엘의 두령과 유지들을 초청하였습니다. 발락이 자기 신전에 초청을 했는지 아니면 임시로 모압 평야에 텐트를 쳐 놓고 초청을 했는지 잘 알 수는 없지만 아무튼 이스라엘의 귀족들을 초청했습니다. 그리고 풍요제의의 음란한 모습을 보여줬습니다. 처음에는 짐승을 잡아 제사를 드리니 이스라엘 백성들이 '야! 우리와 다를 것이 없구나!' 라고 생각했을 것입니다.

그러나 제사를 드린 후에 아주 육감적인 성창들이 음란한 춤을 추기 시작합니다. 미디안 여자들은 이런 음란한 춤을 아주 잘 추는 여자들이었습니다. 가장 이쁜 미디안 여자들을 데려다가 성창 노릇을 시키지 않았겠습니까? 미디안 여자들은 피부가 까무잡잡하고, 얼굴이 매우 예쁘며, 몸매가 날씬합니다. 더구나 그들은 모세의 장인과 같은 민족이었습니다.

그런 여자들이 풍요제의에서 섹시한 춤을 추니 얼마나 매혹적이었겠습니까? 날마다 광야에서 정부미 보리밥처럼 퍼진 마누라만 쳐다보다가 이런 여자들을 보니 이스라엘 남자들의 마음이 얼마나 흔들렸겠습니까? 죽여주는 몸매, S라인, V라인, 그리고 쭉쭉빵빵의 라인이 살아 있는 몸매를 보고 있으니 얼마나 황홀했겠습니까?

이스라엘의 여호와의 종교는 매우 경건하고 거룩했습니다. 그리고 말씀을 중심으로 한 율법종교이지 않습니까? 그러나 그모스 종교는 시각적이었고, 비윤리적이었으며 성적이었습니다. 그래서 이스라엘 남자들은 그 여인들의 섹시한 춤에 그만 넘어가버린 것입니다. 그 여인들이 섹시한 춤을 추며 이스라엘 남자들 앞에 와서 미소를 흘렸을 것입니다. 술도 한잔 따라 주며, 우상제물의 안주도 주었을 것입니다. 거기에 눈이 멀었던 남자들이 따라주는 술을 다 마시고 우상제물을 먹은 것입니다.

그때 모압 남자들이 성창들과 성관계를 합니다. 얼마나 흥분이 됩니까? 그리고 아주 예쁘고 요염한 성창들이 이스라엘 남자들에게 다가와서 부비부비를 하며 옷을 벗는 것입니다. 그리고는 성관계를 하도록 유혹하고 강요합니다. 그러자 한 사람도 빠짐없이 그 음행에 넘어가고 맙니다. 그로 인해 그들의 경건한 믿음이 박살나 버리고 완전히 하나님의 거룩을 땅에 짓밟아 버리고 말았습니다.

민 25:1-3 이스라엘이 싯딤에 머물러 있더니 그 백성이 모압 여자들과 음행하기를 시작하니라 그 여자들이 자기 신들에게 제사할 때에 이스라엘 백성을 청하매 백성이 먹고 그들의 신들에게 절하므로 이스라엘이 바알브올에게 가담한지라 여호와께서 이스라엘에게 진노하시니라

이 일로 이스라엘 백성들이 얼마나 하나님 앞에 얻어터지고, 하나님의 진노를 받아야 했습니까? 하나님이 얼마나 진노를 하셨는지 이스라엘 백성들에게 전염병을 주셨습니다. 2만 4천 명 이상이 그 전염병으로 죽어버렸습니다.

민 25:9 그 염병으로 죽은 자가 이만 사천 명이었더라

민수기를 읽어보면 1차 인구조사 숫자보다 2차 인구조사의 숫

자가 더 적지 않습니까?[25] 바로 죄를 지어서 죽은 사람들 때문에 민수기 1-2장에서 계수된 인구수보다 26장에서 계수된 인구수가 더 적습니다. 하나님의 진노 때문입니다. 이 하나님의 진노로, 세상에 2만 4천 명이 염병으로 죽어 버렸습니다. 온 회중이 회막 앞에서 통곡을 하며 울었습니다.

우리나라에서 일어난 세월호 사건으로 수백 명이 죽었습니다. 그 일로 온 민족이 얼마나 탄식하며 목놓아 울었습니까? 더구나 유족들은 어떻게 울었습니까? 그런데 2만 4천 명이 한꺼번에 죽었으니 남편이나 자식을 잃은 사람들이 얼마나 애통해하며 울었겠습니까? 그들은 회막문 앞에서 회개하고 애통하며 울었습니다.

거룩한 의협심을 가진 사나이, 비느하스

이때 어떤 속없는 남자 녀석이 못된 짓을 하려고 미디안 여인을 장막에 데리고 왔습니다.

> 민 25:6 이스라엘 자손의 온 회중이 회막 문에서 울 때에 이스라엘 자손 한 사람이 모세와 온 회중의 눈앞에 미디안의 한 여인을 데리고 그의 형제에게로 온지라

이 여자를 데리고 장막에 들어가 신나게 연애를 합니다. 얼마나

---

25) 민수기 1장에서 1차 인구조사의 총수를 603,550명으로 소개하고 있고, 민수기 26장에서 2차 인구조사의 총수를 601,730명으로 소개한다. 2차 인구조사 시 이십 세 이상으로 싸움에 나갈 만한 모든 자의 총수가 약1,820명 줄었다. 심판 가운데서도 하나님의 자비로 인구가 그리 급격하게 줄지는 않았다.

간뎅이가 부은 놈입니까? 세상에 모압 종교의 성창을 이스라엘의 거룩한 진영에 데려오다니 말이 되는 일입니까? 그놈들이 모압 종교의 풍년 축제에 참석해서 음행을 한 것만 해도 어마어마한 죄인데 그런 성창을 데리고 이스라엘의 거룩한 장막에 들어오다니 말입니다. 이것을 제사장 비느하스가 보고 어떻게 했습니까? 창을 들고 그 남자의 장막에 들어가 힘을 다해 그 남자의 허리를 쑤셔 버렸습니다. 그러자 창이 그 남자를 관통해서 그 여자의 배창시까지 뚫어버리고 말았습니다.

> 민 25:7-9 제사장 아론의 손자 엘르아살의 아들 비느하스가 보고 회중 가운데에서 일어나 손에 창을 들고 그 이스라엘 남자를 따라 그의 막사에 들어가 이스라엘 남자와 그 여인의 배를 꿰뚫어서 두 사람을 죽이니 염병이 이스라엘 자손에게서 그쳤더라 그 염병으로 죽은 자가 이만 사천 명이었더라

비느하스가 하나님을 향한 거룩한 의협심을 가지고 그렇게 하였습니다. 남녀가 관계를 한다면 여자가 아래에 있고 남자가 위에 있을 것 아닙니까? 그런 장면을 보자마자 긴 창을 가지고 남자의 허리에 힘을 다해 박아 버렸습니다. 그 창이 남자의 허리를 관통해서 여자의 배창시까지 들어가 버렸습니다. 그제서야 하나님의 진노가 풀려서 염병이 그쳤습니다.

한 남자가 미디안 여자를 장막으로 데려오는 모습을 이스라엘의 수많은 사람들이 보았을 것입니다. 그러나 그가 이스라엘의 유력한 자였는지 아무도 그에게 뭐라고 말하지 못했습니다. 수군수

군하기만 했지 아무도 용기를 내어 말하지 못했습니다. 이것을 비느하스가 보고 의분을 참지 못했습니다. 하나님을 향한 거룩한 의협심과 질투심이 솟아올랐습니다.

"저런 간뎅이가 부은 자식을 봤나……감히 더러운 모압의 성창을, 거룩한 이스라엘의 장막으로 데려오다니……저런 쳐죽일 놈이 있단 말인가? 이스라엘의 장막이 어떤 곳인데……얼마나 거룩하고 정결한 곳인데……세상에 저 놈이 여호와의 영광과 성호를 짓밟는 짓을 하다니……저것은 하나님의 영광을 스스로 짓밟고 하나님을 우습게 여기는 행위야! 내가 하나님의 이름으로 하나님의 거룩을 위해, 저 연놈을 쳐죽이리라……."

그런 거룩한 질투심과 의협심을 가지고 장막으로 쳐들어갔습니다. 그리고는 그 연놈을 찔러 죽였습니다. 그들을 찌르는 순간 피가 튀어서 비느하스의 옷에 묻지 않았겠습니까? 그 자체로도 비느하스는 부정한 사람이 되었습니다. 왜냐하면 사람을 죽였고 피를 묻혔으며 시체에 닿았기 때문입니다. 그렇다면 비느하스는 자동적으로 오염이 되고 부정결한 사람이 된 것입니다. 더구나 그는 일반 평민이 아니라 제사장입니다. 제사장이 사람을 죽였고 그의 몸에 사람의 피를 묻혔으며 죽은 송장과 접촉했으니 얼마나 부정하게 되고 오염이 되었겠습니까?

거룩-부정결 상태도 칭찬하신 하나님

'정결과 거룩'의 패러다임으로 볼 때, 비느하스는 '거룩-부정결'의 상태가 되어 버리고 말았습니다. 분명히 그는 하나님 앞에 세움 받은 제사장입니다. 그러나 그는 사람을 죽였을 뿐만 아니라 죽음을 목격하였기 때문에 부정한 자가 되었습니다. 그래서 '거룩 - 부정결'이라는 거룩한 모순이 그의 몸 안에 존재하게 되었습니다. 그런데 하나님께서 비느하스에게 한 마디라도 책망하신 적이 있습니까? 오히려 비느하스를 칭찬하셨습니다. 비느하스의 행위로 하나님의 진노가 풀렸습니다. 그리고 더 이상 이스라엘 백성들이 죽지 않았습니다. 이런 비느하스를 하나님이 칭찬하시지 않습니까?

> 민 25:10-13 여호와께서 모세에게 말씀하여 이르시되 제사장 아론의 손자 엘르아살의 아들 비느하스가 내 질투심으로 질투하여 이스라엘 자손 중에서 내 노를 돌이켜서 내 질투심으로 그들을 소멸하지 않게 하였도다 그러므로 말하라 내가 그에게 내 평화의 언약을 주리니 그와 그의 후손에게 영원한 제사장 직분의 언약이라 그가 그의 하나님을 위하여 질투하여 이스라엘 자손을 속죄하였음이니라

오히려 비느하스의 그 거룩한 의협심과 질투로 말미암은 살인이 이스라엘을 속죄했습니다. 이런 하나님의 칭찬이 어디 있습니까? 이 하나님의 칭찬은 역설과 패러독스가 있는 칭찬입니다. 그러니까 이런 경우도 '거룩 - 부정결'을 하나님이 인정해 주시고 칭찬하시는 경우란 말입니다. 다만 그 동기가 자신의 사욕이어서는 안 됩니다. 오직 하나님의 영광과 명예 그리고 그의 나라를 위한 의협심과 질투심이 동기가 되어야만 합니다. 민수기 31장을 보면 이스라엘이 미디안과 전쟁을 하지 않습니까? 그런데 하나님께서는 미디안과의 전투에서 비느하스를 최선두에 서게 하십니다. 다시 말하면, 하나

님께서 비느하스를 '전쟁의 메시야'로 세워주신 것입니다.

> 민 31:6 모세가 각 지파에 천 명씩 싸움에 보내되 제사장 엘르아살의 아들 비느하스에게 성소의 기구와 신호 나팔을 들려서 그들과 함께 전쟁에 보내매

물론 비느하스는 그렇게 사람을 죽이고 나서 정결의식을 행했을 것이고 또 속죄제를 드렸을 것입니다. 그 속죄제를 통해 '정결과 거룩'을 회복했을 것입니다. 그래서 '거룩·정결'한 상태를 소유하지 않았겠습니까? 그러나 분명한 것은 하나님이 그를 책망하거나 그를 향해 진노하지 않으셨다는 사실입니다. 우리도 이런 거룩한 의협심과 질투심을 소유해야 합니다.

> ♪ 십자가 군병들아 주 위해 일어나
> 기 들고 앞서나가 담대히 싸우라
> 주께서 승전하고 영광을 얻도록
> 그 군대 거느리사 이기게 하시네

하나님의 편에 선 레위 지파의 거룩한 의협심

어디 비느하스뿐입니까? 레위 지파도 마찬가지입니다. 모세가 시내 산에서 하나님을 만나고 있을 때 이스라엘 백성들은 광야에서 금송아지를 만들었습니다. 그래서 하나님을 얼마나 진노하게 했습니까? 모세가 십계명 두 돌판을 가지고 내려와 보니 가관입니

다. 세상에 금송아지를 만들어 놓고 그것이 하나님이라고 얼마나 난리를 치고 있는지 모릅니다. 그래서 모세가 십계명 두 돌판을 그들에게 던져 깨뜨려 버리고 "누구든지 여호와와 내 편에 설 자는 앞으로 나오라!"고 했습니다.

그때 레위 지파가 나왔습니다. 그러자 모세가 명령합니다. "너희들이 정말 하나님 편에 서 있다면, 허리에 칼을 차고, 금송아지를 만든 주동자를 찔러 죽여라!" 레위 지파는 온 이스라엘 진영에 다니면서, 금송아지를 만든 주동자들을 칼로 찔러 죽였습니다. 그 날에 레위 지파에게 죽은 사람이 3천 명 정도 되었습니다. 얼마나 많이 죽었습니까? 이렇게 많은 사람을 죽이다 보니 피가 몸에 튀었을 것이고 그 시체가 몸에 닿았을 것입니다.

죽음 자체가 얼마나 가증한 죄입니까? 그러니 그들은 반드시 부정결한 자들이 될 수밖에 없었습니다. 그럼에도 불구하고 하나님은 그들을 칭찬하셨습니다. 뭐라고 칭찬하셨습니까? 바로 그런 행위가 여호와께 헌신하는 것이 되었다고 하셨습니다. 그래서 하나님이 레위 지파에게 복을 주겠다고 하시고 그 행동에 보상하겠다고 선포하셨습니다.

출 32:26-29 이에 모세가 진 문에 서서 이르되 누구든지 여호와의 편에 있는 자는 내게로 나아오라 하매 레위 자손이 다 모여 그에게로 가는지라 모세가 그들에게 이르되 이스라엘의 하나님 여호와께서 이렇게 말씀하시기를 너희는 각각 허리에 칼을 차고 진 이 문에서 저 문까지 왕래하며 각 사람이 그 형제를, 각 사람이 자기의 친구를, 각 사람이 자기의 이웃을 죽이라 하셨느니라 레위 자손이 모세의 말대로 행하매 이 날에 백성 중에 삼천 명 가량이 죽임을 당하니라 모세가 이르되 각 사람이 자기의 아들과 자기의 형제를 쳤으니 오늘 여호와께 헌신하게 되었느니라 그가 오늘 너희에게 복을 내리시리라

어떻게 같은 종족을 죽인 일이 여호와께 헌신하는 일이라는 말입니까? 그런데 오히려 하나님이 이런 일을 하나님께 헌신하는 일로 칭찬하셨습니다. 다시 말하면, 레위 지파의 '거룩 - 부정결'의 상태를 묵인하시고 덮어주시고 합법화해 주시며 그들을 칭찬하셨습니다. 물론 레위 지파 역시 하나님 앞에서 정결의식을 행했을 것이고 또 속죄제를 드렸을 것이지만 아무튼 하나님께서 이 '거룩과 부정결'의 모순을 인정해 주시고 칭찬해 주시며 그들에게 복을 주셨다는 사실을 보여주고 있습니다.

야일의 말뚝 사건

사사기에 나오는 야일이라는 여자도 마찬가지입니다. 이스라엘의 적장 시스라가 전쟁에서 패해 자기 집으로 도망을 왔습니다. 그래서 야일이라는 여자는 시스라를 안심시켜 편안히 잠을 자게 해 놓고 여호와의 영광을 위해 곤히 자고 있는 시스라의 관자놀이에 말뚝을 박아 죽여 버렸습니다(삿 4:17-22). 그 일 후에 드보라가 그렇게 이스라엘에 승리를 주신 하나님께 찬양을 하지 않습니까?(삿 4:21-5:31)

우리는 여기에서 중요한 교훈을 하나 더 찾아낼 수 있습니다. 자기 체면을 위해 얌전히 있는 것보다 하나님의 거룩한 의협심을 가

지고 일어나 싸우는 것이 하나님 보시기에 훨씬 더 아름다운 일이라는 것입니다. 자기가 욕 안 먹고 자기 손에 피 안 묻히며 체면 차리고 얌전하게 있는 것보다도 욕을 좀 먹더라도 내 손에 피를 조금 묻히는 한이 있더라도 하나님의 영광과 이름을 위해서는 일어나 일하고 싸우는 것이 훨씬 거룩에 가깝고 하나님께 헌신하는 일이라는 것입니다. 그런 의미에서 "천국은 침노하는 자의 것"이라고 했습니다.

> 마 11:12 세례 요한의 때부터 지금까지 천국은 침노를 당하나니 침노하는 자는 빼앗느니라

오늘날 자기는 욕 안 먹고 불이익 안 당하며 손에 피를 안 묻히겠다고 얌전빼고 사는 사람이 얼마나 많은지 모릅니다. 하나님의 영광이 땅에 떨어지고 교회의 이미지가 추락할 대로 추락해 가는데 전혀 그런 일에는 관심이 없는 사람들이 있습니다. 방송국의 PD로 있고 신문기자로 있으니까 조금만 신경을 쓰고 조금만 노력하면 그런 것을 막을 수 있거나 차단할 수 있는데 전혀 그런 일에 상관을 안 합니다. 자기 혼자만 경건하고 점잖게 살면 된다는 것입니다. 이것은 정말 무지해서 그런 것입니다.

오늘날 목회자들도 마찬가지입니다. 나만 경건하게 살고 내 교회만 건강하면 아무 문제가 없다고 생각합니다. 그러나 아닙니다. 오늘 우리는 비록 비느하스와 레위 지파와 야일 같이, 잠시 '거룩 부정결'의 상태가 된다 할지라도 하나님의 영광과 그 이름을 위해 거룩한 의협심과 질투심을 가지고 일을 저질러야 합니다. 그런 사

명을 감당해야 합니다. 우리 모두 거룩한 의협심과 질투심을 가지고 주님을 위해 일어나야 합니다. 주님의 복음과 영광을 위해 싸워야 합니다. 우리 모두 거룩한 의협심이 넘치는 영적 전사들이 되어야 합니다.

> ♪ 주의 진리 위해 십자가 군기 하늘 높이 쳐들고
> 주의 군사 되어 용맹스럽게 찬송하며 나가세
> 나가세 나가세 주 예수만을 위하여
> 목숨까지도 바치고 싸움터로 나가세

Purity와 Unity 사이에서

저도 원래는 '퓨리티'(Purity)밖에 몰랐던 사람입니다. 제가 신학교 때부터 얼마나 순결한 영성에 관심이 많았는 줄 아십니까? 제가 수도원적 영성 훈련에도 관심이 많았고 그런 영성 훈련에 집중했던 사람입니다. 그래서 저는 목회의 최우선 순위를 '정결'에 두었습니다. 새에덴교회가 구미동에 있을 때까지만 해도 저는 타교단과 강단 교류를 거의 하지 않았습니다. 개교회주의에 빠져서 오직 교회와 성도들을 순결한 방향으로만 이끌어 간다고 고집했던 사람입니다.

그런데 어느 때부터인가, '유니티'(Unity)에 대한 관심을 가지기 시작했습니다. 그러면서 제가 하나님의 영광과 이름 그리고 명예와 나라를 위한 더 깊은 질투심과 더 높은 의협심을 갖기 시작했습니다. 한국교회는 지금 안티 기독교 세력과 이단들로부터 무차별적인 공격을 받고 있습니다. 그 결과 한국교회 이미지가 훼손되고 교회의 영광과 거룩성이 붕괴되고 말았습니다. 그런데도 한국교회는 여전히 분열과 다툼만을 벌이며 사회로부터 온갖 비난과 지탄의 대상이 되고 있습니다. 이제 더 이상 떨어질 곳이 없을 정도로 땅바닥까지 추락하고 말았습니다.

이러한 한국교회의 비극적 현실을 보면서 제 마음 가운데 거룩한 의협심이 발동하였습니다. 그리고 유니티에 대한 관심을 갖기 시작했습니다. 하나님의 영광과 교회의 거룩성과 영광성을 위해 거룩한 질투심을 가지고 나름대로 열심히 연합사업에도 뛰어 들었습니다. 나중에는 언론 분야에까지 얼마나 많은 로비를 하고 활동을 했는지 모릅니다. 그러다 보니, 제 몸과 마음이 부정결해지고 오염이 될 때가 있습니다. 유니티를 위해 뛰다 보니까 제 상태가 '거룩 - 부정결'의 상태가 될 때도 있었단 말입니다.

저도 정금성 권사님처럼 교회나 기도원에서 하나님께 내 몸을 바치고 기도하고 성경 보고 묵상만 하고 살면 얼마나 좋겠습니까? 그러나 저의 영적인 세계관과 가치관으로 결코 그렇게만 살 수 없습니다. 하나님의 거룩한 의협심을 가지고 제 몸에 피가 묻고 때가 묻을지라도 온몸을 불살라 뛰어야 합니다. 거룩한 의협심과 질투심을 가지고 활동을 해야 하지 않겠습니까? 물론 저도 사람인지라 저의 명예나 개인적인 영광이 1%, 혹은 0.1%도 들어가지 않았다고 장담할 수는 없지만 제 안에 거룩한 의협심과 질투심이 작동하고 살아 있다는 것만은 분명합니다.

그래서 교계에서 정치를 하는 사람들이 저를 오해하기도 했습니다. 소 목사가 정치적 야망을 가지고 저런 일을 한다고 말입니다.

그런데 시간이 흐르면서 저의 순수성과 진정성을 많이 알아주게 되었습니다. 물론 사람이 알아주건 안 알아주건 그게 중요한 게 아닙니다. 얼마나 하나님 앞에 거룩한 의협심과 질투심을 가지고 있느냐가 중요합니다. 바로 그럴 때, 하나님께서 비느하스와 레위 지파를 칭찬하신 것처럼 부족한 저를 칭찬하실 줄 믿고 달려왔습니다. 그래서 저는 누가 알아주건 알아주지 않건 하나님의 보상을 믿고 나아갑니다.

그리고 제가 순간순간 '거룩-부정결'의 상태가 된다 할지라도 하나님께서는 하나님의 방법으로 저를 다시 정결하게 하시고 거룩한 종으로 세워주실 것을 믿습니다. 저도 몸과 영혼에 때가 묻었다고 생각이 될 때는 하나님 앞에 더 엎드립니다. 속죄헌금을 드리고 정결 회복 헌금을 드리면서 하나님께 더 제 몸과 마음을 정결하게 하고 저의 영혼과 신앙을 거룩하게 하는 기도를 많이 합니다. 하나님은 그런 기도와 말씀 묵상을 통해서 거룩하고 정결하게 해 주실 줄 확실하게 믿고 있습니다.

우리도 거룩한 의협심을 가져야 합니다. 이 시대의 거룩한 비느하스가 되어야 합니다. 거룩한 레위 지파, 야일과 같은 하나님의 전사가 되어 싸워야 합니다.

오늘날 너무 많은 사람들이 개인적인 정결만을 추구합니다. 개인적으로만 정결한 삶을 살면 된다고 생각합니다. 그러나 그것은 하나님 앞에서 이기적인 신앙입니다. 이기주의적 정결이요, 경건에 불과합니다. 그러므로 우리는 이제 모두 하나님 앞에서 거룩한 의협심을 소유해야 합니다. 더 큰 거룩을 회복하고 참된 거룩을 일으켜야 합니다. 비록 순간순간 내 안에 '거룩-부정결'의 상태가 이루어진다 할지라도 하나님이 더 거룩하게 해 주십니다. 더 정결하게 해 주실 것입니다. 그리고 더 칭찬하시고, 더 큰 보상을 주실 것입니다. 오직 하나님의 영광을 위한 거룩한 의협심을 소유하고만 있다면!

> ♪ 내 마음에 주를 향한 사랑이
> 나의 말엔 주가 주신 진리로
> 나의 눈에 주의 눈물 채워주소서
> 내 입술에 찬양의 향기가
> 두 손에는 주를 닮은 섬김이
> 나의 삶에 주의 흔적 남게 하소서
> 하나님의 사랑이 영원히 함께하리
> 십자가의 길을 걷는 자에게
> 순교자의 삶을 사는 이에게
> 조롱하는 소리와 세상 유혹 속에도
> 주의 순결한 신부가 되리라
> 내 생명 주님께 드리리

7. 거룩한 영성에 생명을 걸어라!

"여호와께서 모세에게 말씀하여 이르시되 이스라엘 자손에게 전하여 그들에게 이르라 남자나 여자가 특별한 서원 곧 나실인의 서원을 하고 자기 몸을 구별하여 여호와께 드리려고 하면 포도주와 독주를 멀리하며 포도주로 된 초나 독주로 된 초를 마시지 말며 포도즙도 마시지 말며 생포도나 건포도도 먹지 말지니 자기 몸을 구별하는 모든 날 동안에는 포도나무 소산은 씨나 껍질이라도 먹지 말지며 그 서원을 하고 구별하는 모든 날 동안은 삭도를 절대로 그의 머리에 대지 말 것이라 자기 몸을 구별하여 여호와께 드리는 날이 차기까지 그는 거룩한즉 그의 머리털을 길게 자라게 할 것이며 자기의 몸을 구별하여 여호와께 드리는 모든 날 동안은 시체를 가까이 하지 말 것이요 그의 부모 형제 자매가 죽은 때에라도 그로 말미암아 몸을 더럽히지 말 것이니 이는 자기의 몸을 구별하여 하나님께 드리는 표가 그의 머리에 있음이라 자기의 몸을 구별하는 모든 날 동안 그는 여호와께 거룩한 자니라"(민 6:1-8).

거룩한 백성의 길, 나실인

이스라엘에서 가장 거룩한 장소는 어디일까요? 당연히 '하나님의 성전'입니다. 성전 안에서도 가장 거룩한 장소는 '지성소'입니다. 그리고 사람들 중에서는 제사장이 가장 거룩했고 제사장 중에서도 가장 거룩한 사람은 바로 '대제사장'이었습니다. 제사장도 거룩하게 살아야 했지만 대제사장은 정말 거룩하게 살아야 했습니다.

그러면 날마다 제사장들만 거룩하게 살아야 했을까요? 일반 백성은 도대체 언제 거룩한 백성으로 살아갈 수 있었단 말입니까? 물론 일반 백성들은 삶의 현장에서 죄 짓지 않고 부정에 물들지 않으며 거룩한 삶을 살 수 있었습니다.

그러나 그런 거룩과는 달리 제사장들처럼 좀더 분리되고 하나님께 더 헌신되며 또 하나님께 온전히 속한 제사장과 같은 거룩한 삶을 살 수 없느냐는 것입니다. 일반 백성들도 얼마든지 그렇게 살 수 있었습니다. 얼마든지 제사장 못지않은, 아니 제사장보다 더 거룩한 백성으로 살 수 있는 길이 있었습니다. 그것은 바로 하나님 앞에 '나실인'으로 헌신하는 것이었습니다.

나실인이란 어떤 사람입니까? 나실인이란 말은 히브리말로 '네지르'인데, 이 '네지르'라는 명사는, '나자르'라는 동사에서 나왔습니다. '나자르'는 '구별하다', '구별하여 거룩하게 하다', '헌신하다'라는 뜻을 가지고 있습니다. 나자르의 명사형 '네지르'는 발음만 다를 뿐이지, '카도쉬'라는 말과 거의 같은 의미의 말입니다. 그러니까 '구별자', '성별자', '거룩한 사람'이라는 뜻입니다.

다시 말해 자신의 몸과 마음을 세상과 완전히 구별하고 분리하여 하나님께 전폭적으로 헌신하며 살아가는 사람입니다. 이 사람은 누구에게도 속하지 않습니다. 오직 하나님께 속한 삶을 살아갑니다. 그 인생을 자기 마음대로 결정하는 것도 아니고 자기가 자기 삶을 주관하는 것도 아닙니다. 오직 하나님이 그 인생을 주관하며 다스리십니다. 하나님만이 그 인생을 소유하십니다.

특별히 7년째가 되어 안식년을 맞고 있는 포도나무를 부르는 명칭도 나실인의 명칭과 같습니다. 그 나무의 이름도 '나지르' 입니다. 이스라엘에는 안식년이 있습니다. 안식년이 되면 사람도 쉬고 땅도 쉬며 모든 과일나무의 수확도 쉽니다. 그래서 7년째가 된 안식년의 포도나무는 수확을 위해 누구도 인공적으로 순을 잘라주거나 순을 내지도 않습니다. 나무를 보호하기 위해 인공적으로 나무를 만지지 않습니다. 이런 포도나무를, '나자르' 라고 불렀습니다. 나실인은, 마치 안식년을 맞아 아무도 손대지 않는 포도나무와 같았습니다. 안식년 된 포도나무를 누구도 손대지 않는 것처럼 나실인에게 누구도 간섭할 수 없고, 나실인은 누구에게도 속하지 않습니다.

자신이 자신의 삶을 주관하는 것도 아니고 결정하는 것도 아닙니다. 온전히 그는 하나님께만 드려졌고 하나님께만 헌신하며 하나님께만 속해 있습니다. 모든 그의 주권과 판단 그리고 삶의 목적이 하나님께만 속해 있습니다. 그래서 세상과는 전적으로 구별하여 살아가게 되고 오로지 하나님의 영광만을 위해 거룩하게 살아갑니다. 이것이 바로 나실인의 삶입니다. 그러므로 성전에서 살았던 제사장들뿐만 아니라 일반 백성들도 얼마든지 나실인으로 세워지면 제사장과 같은 거룩한 사람이 될 수 있었습니다. 아니, 순수한 나실인은 대제사장에 버금가는 거룩한 사람이 될 수 있었습니다.

나실인, 시대정신과 영성을 이끌다

대제사장의 머리에 붙이는 패에, 뭐라고 기록되어 있는 줄 아십니까? "찌쯔 네제르 하 카도쉬" 거기에 '네제르' 라는 말이 붙어 있습니다. 다시 말하면, 대제사장의 머리에 붙이는 패에 '나실인' 이라는 말이 있다는 말입니다. 이렇게 보면 나실인은 일반 제사장보다 더 거룩한 삶을 산다고 할 수 있습니다. 그리고 그 신분이 영적인 면에서는 대제사장과 같은 수준의 거룩함을 유지하는 사람이라고 할 수 있습니다. 그래서 구약에서는 나실인들이 그 시대의 정신과 사상 그리고 영성을 이끌어 가고 핸들링했습니다. 아무리 사람들이 타락하고 시대정신이 썩어 들어갔다 하더라도 성전의 제사장과 나실인만 건재하면 그 사회는 절대로 부패하지 않았습니다.

심지어는 제사장까지 타락하고 부패했다 할지라도 나실인만 건재하면 그 시대는 망하지 않았습니다. 하나님께서 그 사회를 절대로 심판하시지 않았습니다. 왜냐하면 나실인이 시대의 마지막 보루였기 때문입니다. 나실인이 그 시대와 사회의 항체가 되고 저항인자가 되었기 때문입니다. 하나님은 시대의 저항인자와 항체인 나실인을 보고 심판을 유예하고 보류하셨습니다. 그러나 나실인까지 타락하고 부패하게 되면 그 시대와 사회는 더 이상 소망이 없었습니다. 항체와 저항인자마저도 전염되고 오염되어 버린다면 그 시대에 무슨 소망이 있겠습니까? 그때 하나님은 그 시대를 심판하셨습니다.

예루살렘이 멸망하기 직전에 예레미야는 예루살렘 거리를 다니면서 한 사람의 의인을 찾았습니다. 그런데 의인이 한 사람도 없는 것입니다.

> 렘 5:1-2 너희는 예루살렘 거리로 빨리 왕래하며 그 넓은 거리에서 찾아보고 알라 너희가 만일 공의를 행하며 진리를 구하는 자를 한 사람이라도 찾으면 내가 이 성을 사하리라 그들이 여호와의 사심으로 맹세할지라도 실상은 거짓 맹세니라

물론 왜 예루살렘에 의인이 없었겠습니까? 상대적인 의인들이야 많이 있었을 것입니다. 그러나 하나님 앞에 전적으로 자기 자신을 구별하고 헌신하여 나실인으로 살아갔던 사람은 없었다는 것입니다. 대제사장에 버금가는 나실인, 이런 참된 거룩한 사람이 없었습니다. 물론 성전에는 제사장이 있었습니다. 그때도 형식적으로 자신을 서원하고 헌신했던 나실인이 있었습니다. 그러나 그들 역시 세상의 시류에 편승해 버렸고 그들 역시 하나님 보시기에 영적으로 오염된 부패한 사람들이었습니다. 그래서 하나님은 어쩔 수 없이 남왕국 유다와 북왕국 이스라엘을 심판하시게 되었습니다. 나실인이 이렇게 중요한 위치에 있었습니다.

영적 나실인의 삶

신약시대에는 성도들이 '영적 나실인'입니다. 신약에서 '성도들'이라는 말은, '하이 하기오이'라는 말인데, '거룩한 무리들'이

라는 말입니다. 이것이 바로 구약의 나실인이라는 말입니다. 세속으로부터 분리되고 예수 그리스도의 피로 거룩하게 구별되어 하나님께 속한 사람들이 성도라는 말입니다. 언제나 하나님의 거룩한 임재 속에서 살아가고 하나님의 영광을 위하여 살며 하나님의 나라를 위해 헌신하는 사람들이 성도입니다. 그러므로 단어의 의미뿐만 아니라 성도의 삶이 구약의 나실인과 영적으로 일치합니다. 그러니 신약의 성도는 영적인 나실인입니다.

우리도 구약의 나실인처럼, 거룩한 삶을 살아야 합니다. 언제나 하나님께 속한 삶을 살아야 합니다. 언제나 하나님의 영광을 위해 살아야 합니다. 우리의 삶을 하나님께 전폭적으로 드리고 헌신하는 삶을 살아야 합니다. 뿐만 아니라 세상과 죄로부터 완전히 구별되어 언제나 나와 세상은 간 곳 없고 오로지 구속한 주님만을 바라보면서 살아야 합니다. 그렇게 하나님께 헌신하며 거룩한 삶을 사는 영적인 나실인이 될 수 있어야 합니다.

> ♪ 나실인 되기 원합니다 진심으로 진심으로
> 나실인 되기 원합니다 진심으로
> 진심으로 진심으로
> 나실인 되기 원합니다 진심으로

1. 나실인은 어떻게 되는가?

나실인이 되는 길은 아주 간단합니다. 자신이 하나님께 나실인이 되겠다고 서원만 하면 됩니다. 성전에 가서 제사장 앞에 서원하는 것도 아닙니다. 가족들 앞에서 서원하는 것도 아닙니다. 하나님 앞에서 "하나님, 저는 나실인이 되겠습니다. 나실인으로 헌신하겠습니다. 몇 년 동안 저는 나실인의 삶을 살겠습니다." 이렇게 하나님 앞에 혼자 입을 열어 서원하면 그때부터 나실인이 됩니다.

나실인으로 살겠다고 성전에 들어가면, "언제 어떻게 서원했냐?"고 제사장이 꼬치꼬치 물어보지도 않습니다. 나실인이 되는 의식이나 절차도 없습니다. 서원만 하면 그때부터 나실인으로 살아갑니다. 그리고 성전에 있는 제사장은 그를 나실인으로 환대하고 예우해야 했습니다. 왜냐하면 또 한 명의 거룩한 사람이 성전에 들어왔기 때문입니다. 따라서 그는 성전의 나실인의 방에 거할 수 있었습니다. 그래서 성경은 이렇게 말하지 않습니까?

> 민 6:1-2 여호와께서 모세에게 말씀하여 이르시되 이스라엘 자손에게 전하여 그들에게 이르라 남자나 여자가 특별한 서원 곧 나실인의 서원을 하고 자기 몸을 구별하여 여호와께 드리려고 하면

나실인으로 서원만 하면 됩니다. 그러면 남자나 여자나 할 것 없이 무조건 나실인이 됩니다. 남녀의 차이가 없습니다. 고대 히브리 사회에서는 남자와 여자가 엄격하게 구별되었습니다. 특별히 여자는 시집을 가면 남성의 성을 따라야 했고 인구에도 포함이 안 되었습니다. 그 정도로 남성 우위의 사회를 이루고 있었습니다. 그래서 항상 여자는 남자에게 예속된 존재였습니다.

그러나 나실인의 기준에서는 남자와 여자를 동일하게 여깁니다. 함께 거룩한 사람으로 살아갈 수 있도록 배려를 해 주었습니다. 하

나님 앞에서 거룩한 사람이 된다는데 무슨 남자와 여자의 차별이 있겠습니까? 이처럼 하나님은 누구나 거룩한 자로 살아가길 원하셨습니다. 그래서 거룩한 자로 살아가도록 문을 아주 넓게 열어놓았습니다.

이렇게 나실인이 되는 방법은 서원만 하면 되는 것이었습니다. 6개월을 서원하면 6개월 동안 나실인으로 살고, 3년을 서원하면 3년을 나실인으로 사는 것입니다. 어떤 사람은 10년을 서원할 수도 있고, 또 어떤 사람은 평생을 서원할 수도 있었습니다. 하나님이 너무 좋아서 평생 거룩한 사람으로 살아가겠다는 것입니다.

그러면 나실인은 평생 성전 안에서만 살아갔을까요? 아닙니다. 성전 안에서 살 수도 있고 성전 밖에서 살 수도 있었습니다. 성전 안에서 언제나 기도하고 말씀 묵상하고 봉사하며 살 수도 있었지만 성전 밖에서 일상생활을 하면서 나실인의 법규와 규례를 지키며 살아갈 수도 있었습니다.

만약 그가 가장이라면 식구들을 먹여 살려야 하지 않겠습니까? 자기 혼자 성전에 들어가서 거룩하게만 살아가면 어떻게 되겠습니까? 가족들을 부양하기 위해 생업에 종사해야 할 것이 아닙니까? 그러면 생업에 종사하면서 나실인의 규례와 법규를 지키며 살면 됩니다. 그래도 하나님이 얼마든지 인정을 해 주십니다. 삶의 내용과 질과 중심이 중요한 것이지 장소가 중요한 것이 아니었습니다.

나실인의 서원 종류

우리가 날마다 교회 안에서만 산다고 거룩한 사람입니까? 기도원에 들어가서 날마다 기도만 하고 봉사만 한다고 그것이 영적인 나실인의 삶이라고 말할 수 있겠습니까? 아닙니다. 우리도 세상에 나가서 얼마든지 생업에 종사하면서 거룩한 삶을 살 수 있습니다. 얼마든지 구약의 나실인처럼 하나님의 법과 계명을 지키며 하나님의 임재 속에서 살아갈 수 있습니다. 세상에서도 얼마든지 하나님과 동행하며 살 수 있습니다. 얼마든지 우리 마음과 우리 몸을 하나님께 헌신하고 드리면서 거룩한 삶을 살 수 있습니다.

교회 안에서 살고 기도원에만 들어간다고 거룩한 나실인의 삶을 사는 것이 아닙니다. 일상생활에 충실하고 가정과 생업에 충실하면서도 우리는 언제든지 하나님 앞에서 코람데오의 삶을 살 수 있고 거룩한 삶을 살 수 있습니다. 그런데 나실인이 되기 위해서는 서원을 해야 하는데 그 서원에도 몇 가지가 있습니다.

① 자기 자신이 나실인으로 살고 싶어서 하는 서원입니다.

② 부모가 아들을 낳기 전부터 하는 서원입니다. 사무엘 같은 경우입니다. 어머니 한나가 하나님께 기도하지 않습니까?
"만일 아들을 주시면 그 아들을 평생 하나님께 드리고, 그 머리에 삭도를 대지 않겠습니다."

> 삼상 1:10-11 한나가 마음이 괴로워서 여호와께 기도하고 통곡하며 서원하여 이르되 만군의 여호와여 만일 주의 여종의 고통을 돌보시고 나를 기억하사 주의 여종을 잊지 아니하시고 주의 여종에게 아들을 주시면 내가 그의 평생에 그를 여호와께 드리고 삭도를 그의 머리에 대

지 아니하겠나이다

③ 하나님께서 미리 나실인으로 지명하시는 경우가 있습니다. 예컨대 삼손 같은 경우입니다. 하나님께서 삼손의 부모에게 삼손이 태어나기도 전에 미리 잉태 소식을 말씀하셨습니다. 그리고 그 아들이 태어나면 절대 그 머리에 삭도를 대지 말고 나실인으로 키우라고 하셨습니다. 하나님께서 삼손을 원래부터 나실인으로 지명해 놓으셨기 때문입니다.

> 삿 13:3-5 여호와의 사자가 그 여인에게 나타나서 그에게 이르시되 보라 네가 본래 임신하지 못하므로 출산하지 못하였으나 이제 임신하여 아들을 낳으리니 그러므로 너는 삼가 포도주와 독주를 마시지 말며 어떤 부정한 것도 먹지 말지니라 보라 네가 임신하여 아들을 낳으리니 그의 머리 위에 삭도를 대지 말라 이 아이는 태에서 나옴으로부터 하나님께 바쳐진 나실인이 됨이라 그가 블레셋 사람의 손에서 이스라엘을 구원하기 시작하리라 하시니

한 가출 소년과 소녀가 만나 이룬 나실인 가정

그러면 우리는 어떤 나실인입니까? 자기가 원해서 된 나실인입니까? 아니면 부모가 서원해서 된 나실인입니까? 그것도 아니면 하나님이 지명하신 나실인입니까? 아마도 여러분 가운데 대부분은 하나님이 지명하신 나실인일 것입니다. 저도 마찬가지이고 정 권사님도 마찬가지입니다. 제 아내는 더 그렇습니다.

제 아내는 죽어도 사모가 안 되려고 했습니다. 죽었으면 죽었지 사모는 안 되려고 했습니다. 아내가 하도 반항을 하니 하나님께서 한번은 그녀에게 열병을 주셨습니다. 정 권사님과 제가 병문안을 갔습니다. 가보니 해열주사를 맞았는데도 온몸이 불덩이입니다. 그래도 정 권사님과 제가 가니까 이불을 차버리면서 "나 죽어도 사모 안 해! 차라리 하나님이 데려가라고 해! 나 죽여 버리라고 해! 하나님이 살아 계시면 데려가라고 해!" 이러는 것입니다. 그러나 하나님이 지명하신 나실인이었기에 어쩔 수 없이 사모로 시집을 와서 살아가고 있습니다.

원래 저도 목사 스타일이 아니고 아내도 사모 스타일이 아닙니다. 저도 집을 나갔고 제 아내도 집을 나간 사람이었습니다. 그런데 한 가출 소년과 한 가출 소녀가 주님의 은혜로 가정을 이루어 나실인의 삶을 살아가고 있습니다. 원래 저는 나실인의 삶을 살아갈 스타일이 아닙니다. 저도 세상을 좋아하고 화끈한 스타일이며 기분파입니다. 저도 얼마든지 세상과 짝짜꿍하며 살아갈 수 있는 사람입니다. 저희 정 권사님도 마찬가지입니다. 정 권사님이 굉장히 거룩한 사람처럼 보이지만 TV에 한번 빠지면 헤어나올 줄을 모릅니다. 또 "목포의 눈물"은 맡아 놓고 부릅니다. 정 권사님도 노래방 가면 마이크를 독차지하고 혼자 노래 부를 사람입니다. 그러나 하나님이 지명하신 나실인이 되어 이렇게 하나님의 은혜 안에서 거룩한 삶을 살려고 얼마나 몸부림치고 있습니까?

우리 모두 다 마찬가지입니다. 원래는 세상이 좋고 육체의 삶을 좋아했습니다. 그런데 주님을 영접하고 교회에 와서 생명나무의 은혜를 알고 거룩한 정결의 은혜를 알게 되어 어쩔 수 없이 하나님의 지명을 받은 나실인으로 살아가게 되었습니다. 이렇게 하나님께서 우리를 나실인으로 지명하셨으니 이제는 우리가 자발적인 나실인으로 서원을 하여 나실인의 삶을 살아야 합니다. 그러면 얼마나 하나님이 기뻐하시겠습니까? 우리 모두 나실인으로 살아야 합니다. 하나님 앞에 지명을 받았으므로 자발적으로 더 거룩한 삶을 살기 위해 노력해야 합니다. 더 순수한 이 시대의 영적인 나실인으로 살아가기 위해 서원하고 노력하며 몸부림쳐야 합니다.

♪ 주의 영광 이곳에 가득해 / 우린 서네 주님과 함께
  찬양하며 우리는 전진하리 / 모든 열방 주 볼 때까지

  내 눈 주의 영광을 보네 / 우리 가운데 계신 주님
  그 빛난 영광 온 하늘 덮고 / 그 찬송 온 땅 가득해
  내 눈 주의 영광을 보네 / 찬송 가운데 서신 주님
  주님의 얼굴은 온 세상 향하네 / 권능의 팔을 드셨네

  주의 영광 이곳에 가득해 / 우린 서네 주님과 함께
  찬양하며 우리는 전진하리 / 모든 열방 주 볼 때까지

2. 나실인은 어떤 규례를 지켜야 하는가?

나실인의 규례는 크게 세 가지입니다.

1) 포도주와 독주를 마시지 말아야 합니다.

물론 포도주와 독주뿐만 아니라 포도주로 된 초나 독주로 만든 초도 마시면 안 됩니다. 또 포도즙도 안 됩니다. 생포도나 건포도 심지어는 포도의 씨나 껍질도 먹으면 안 됩니다. 즉 포도의 모든 소산은 먹어서는 안 됩니다.

> 민 6:3-4 포도주와 독주를 멀리하며 포도주로 된 초나 독주로 된 초를 마시지 말며 포도즙도 마시지 말며 생포도나 건포도도 먹지 말지니 자기 몸을 구별하는 모든 날 동안에는 포도나무 소산은 씨나 껍질이라도 먹지 말지며

그러면 왜 포도주뿐만 아니라, 포도나무의 소산은 일체 먹지 말라고 하셨습니까? 한마디로 성경에서 포도는 세상의 쾌락과 연관되어 있기 때문입니다.

> 잠 20:1 포도주는 거만하게 하는 것이요 독주는 떠들게 하는 것이라 이에 미혹되는 자마다 지혜가 없느니라

> 잠 23:31 포도주는 붉고 잔에서 번쩍이며 순하게 내려가나니 너는 그것을 보지도 말지어다

나실인에게 포도주나 포도나무의 소산을 절대로 먹지 말라고 한 것은 절대로 세상 기쁨을 누리며 살지 말라는 말입니다. 세상의 즐거움을 일체 끊어버리고 하나님이 주시는 온전한 기쁨으로만 살아가라는 말입니다. 하나님이 주시는 신령한 기쁨, 거룩한 즐거움

으로만 만족하며 살아가라는 것입니다. 한마디로 절대은혜 속에서, 절대성결과 거룩을 유지하며 살아가라는 말씀입니다.

또 독주를 마시지 말라는 말은 맑은 정신으로 하나님을 섬기라는 말입니다. 독주를 마시면 사람의 정신이 혼미하게 되어 있습니다. 판단 능력을 상실하게 되어 있습니다. 그러면 육체는 방종하게 되고 그 방종한 육체의 욕구를 따라서 반드시 실수를 하고 죄를 짓게 되어 있습니다. 그래서 일부 신학자들은 아론의 아들 나답과 아비후가 하나님께 제사를 드리면서 다른 불을 드린 이유가 술을 마셨기 때문이라고 추측합니다. 술을 마신 흐리멍텅한 상태에서 판단 능력을 상실했기 때문에 간이 부어서 다른 불로 제사를 드리는 실수를 범했다는 것입니다.

아무튼 하나님은 나실인들이 절대로 독주를 마시지 못하도록 했습니다. 이것은 오늘날도 마찬가지입니다. 폭탄주를 마신다든지, 40-50도짜리 술을 마시면 아무리 점잖은 사람도 정신이 희미해집니다. 육체적으로 방종하게 되고 당연히 실수를 하게 되며 죄를 짓게 됩니다. 그래서 인생의 낭패를 본 사람들이 얼마나 많습니까? 그런 의미에서 하나님께서 나실인에게 포도주와 독주를 금하셨습니다.

영적인 나실인이 된 성도들은 세상의 즐거움으로 살아가서는 안 됩니다. 그런 것은 반드시 세상의 죄악과 연결되어 있습니다. 그런 것을 누리다 보면 우리도 죄악의 낙 속에 거할 수밖에 없습니다. 그래서 모세는 잠시 죄악의 낙을 누리는 것보다 그리스도를 위해 능욕 받는 삶을 선택하지 않았습니까?

히 11:24-26 믿음으로 모세는 장성하여 바로의 공주의 아들이라 칭함 받기를 거절하고 도리어 하나님의 백성과 함께 고난 받기를 잠시 죄악의 낙을 누리는 것보다 더 좋아하고 그리스도를 위하여 받는 수모를 애굽의 모든 보화보다 더 큰 재물로 여겼으니 이는 상 주심을 바라봄이라

그가 애굽에서 왕자로 살았다면 얼마나 많은 세상의 즐거움과 재미를 누렸겠습니까? 그러나 그는 애굽에서 잠시 죄악의 낙을 누리는 것보다 그리스도를 위해 능욕받는 삶을 선택했습니다. 그것이 최고의 보화요, 재미요, 기쁨이라고 생각했기 때문입니다. 그러므로 우리도 예수 안에 있는 신령한 기쁨과 행복을 추구하며 살아야 합니다. 특히 영적인 나실인 된 우리는 예수 안에만 감추어져 있는 거룩한 기쁨과 행복을 누리며 살아야 합니다.

젖 먹는 아기가 엄마의 품에 안긴 것처럼

성경을 보면 하나님께서 성도들에게만 주시는 거룩한 은혜와 행복을 은유적으로 표현하는 말이 몇 가지 있습니다. 그 중의 하나가 "젖 먹는 어린 아이의 행복"입니다. 젖 먹는 어린 아이의 기쁨과 행복이 얼마나 큽니까? 어린 아이가 엄마의 품에서 젖을 먹는 모습은 이 세상에서 가장 행복하고 기쁨을 만끽하는 모습이라고 할 수 있습니다. 어린 아이가 이모나 할머니와 놀다가도 엄마가 직장에서 퇴근해서 오면 누구에게 갑니까? 엄마에게 갑니다.

엄마한테 가서 엄마의 젖을 먹는 것이 얼마나 큰 행복이고 즐거

움입니까? 그때 할머니가 오란들 가겠습니까? 삼촌이나 이모가 오란들 가겠습니까? 10만 원이 아니라 100만 원, 1000만 원짜리 수표를 준다 해도 가지 않습니다. 그때만큼 행복한 때가 없기 때문입니다. 그런 것처럼 우리 성도들에게는 하나님의 말씀이 젖과 같이 달콤하고 향기롭습니다.

> 벧전 2:2 갓난 아이들같이 순전하고 신령한 젖을 사모하라 이는 그로 말미암아 너희로 구원에 이르도록 자라게 하려 함이라

우리가 교회에서 예배드리고 말씀 듣는 시간은 정말 행복하고 복된 시간입니다. 세상 염려와 걱정을 다 잊어버리고 하나님 앞에 가서 말씀 듣고 은혜 받는 것보다 더 기쁘고 즐거우며 행복한 시간이 어디 있겠습니까? 하나님의 품이 마치 어머니 품처럼 느껴지지 않습니까? 그 시간에 무슨 세상 염려, 물질 걱정이 있겠습니까? 그때만큼은 가장 행복하고 평온합니다. 주님의 품이 그렇게 포근하고 사랑스러울 수가 없습니다. 그래서 성도들은 항상 하나님만이 주시는 신령한 평화와 기쁨으로 살아야 합니다.

♪ 주님께 엎딘 내 영혼 간절히 비는 말씀은
　자비의 품을 여시사 영원한 평화 주소서
　주의 품 속은 사랑과 평화
　주의 품 속은 사랑과 평화
　오 생명빛 환히 빛나고 기쁨 영원하오니
　주여 날 품어 주소서

슬픔의 안개 덮이고 근심의 구름 떠돌 때
사랑의 품을 여시사 내 영혼 위로하소서
주의 품 속은 사랑과 평화
주의 품 속은 사랑과 평화
오 생명빛 환히 빛나고 기쁨 영원하오니
주여 날 품어 주소서

이런 은혜를 받고 이런 기쁨을 누리는 사람이 어떻게 세상 쾌락에 환장할 수 있겠습니까? 어떻게 노래방 못 가면 못 살고 어떻게 동창들과 만나서 그냥 2차 3차를 갈 수 있겠느냔 말입니다. 어떻게 세상 일락과 죄악에 빠져서 살아갈 수 있겠습니까? 절대 그럴 수 없습니다. 그러므로 우리는 언제나 젖과 같은 하나님의 말씀을 사모하며 살아야 합니다. 언제나 젖과 같은 하나님의 은혜가 주는 기쁨과 행복으로 살아야 합니다.

꿀송이보다 더 달콤한 주의 은혜

또한 성경은 주의 은혜를 "달콤한 꿀과 꿀송이"로 표현하고 있습니다.

> 시 19:10 금 곧 많은 순금보다 더 사모할 것이며 꿀과 송이꿀보다 더 달도다

옛날 저희 어린 시절에는 꿀이 얼마나 귀했습니까? 엿도 귀하고

설탕은 꿀 다음으로 귀한 것이었습니다. 설탕이 없으니까 사카린, 당원 같은 것도 귀했습니다. 심지어 사카린이나 당원 같은 것도 귀하니까 그때는 옥수수 줄기도 베어서 껍질을 까서 씹어 먹었습니다. 거기에서 나오는 단물이 정말 달콤하여 빳빳한 줄기를 먹다가 입술을 베도 아랑곳하지 않고 흡족한 표정을 지으며 먹었습니다.

꿀이 얼마나 귀했는가 하면 제가 어렸을 때에 꿀벌을 잡아먹는 일이 있었습니다. 검은 고무신짝을 벗어서 꿀벌이 앉은 곳에 살금살금 다가가서 재빨리 꿀벌을 훔칩니다. 그리고는 재빠른 동작으로 일곱 바퀴 정도를 돌린 다음에 땅바닥에 던집니다. 그러면 벌이 정신을 못 차리는데 그때 얼른 잡아서 침을 잘 뺀 다음에 꽁지를 쪽쪽 빨아먹습니다. 그 조금의 단맛을 보기 위해서 말입니다.

그런데 제 친구 중에 조금 어리숙한 한 아이가 이 방법을 듣고 침을 뺀다는 게 그만 털을 뽑고 빨아먹어서 혓바닥이 주먹만큼 커져 된통 고생하고 친구들에게 놀림을 받은 적이 있었습니다. 그럼에도 불구하고 그 일이 있은 지 일주일 만에 그 친구는 다시 벌을 찾아 여기저기를 고무신짝 들고 헤매고 다녔습니다. 꿀의 단맛이 얼마나 그리웠으면 그랬겠습니까. 그때가 불과 41-42년 전의 일이었습니다.

그러니 이 성경이 기록된 3000-3500년 전에 꿀은 얼마나 귀했겠습니까? 그렇게 꿀이 귀했으니 그 맛은 얼마나 달콤하게 느껴졌겠습니까? 아마도 그 시절 가난한 사람이 꿀을 한번 맛보면 그 맛에 취해 꿀 먹은 벙어리가 되어 버렸을 것입니다. 그런데 성경 기록자는 이렇게 꿀이 귀하던 때에 하나님의 말씀이 꿀송이보다 더 달다고 기록하고 있습니다. 그래서 나실인이 되어 세상과 구별된 삶을 사는 자는 하나님의 말씀을 꿀보다, 꿀송이보다 더 단 말씀으로 사모합니다.

　이런 꿀과 같은 말씀의 은혜를 누리며 그리스도 안에서 꿀과 같은 달콤한 은혜와 감미로운 행복을 누리며 사는 사람이 어찌 세상 쾌락을 추구하겠습니까? 어찌 세상 즐거움에 빠져 살아가겠습니까? 세상에는 꿀 먹은 벙어리가 되어 버리는 것입니다. 세상과 나는 간 곳 없고, 오직 구속한 주님의 은혜밖에 안 보입니다. 오직 십자가와 주님밖에 안 보입니다. 그래서 나도 세상을 십자가에 못 박아 버리고 세상도 나를 포기해 버리는 삶을 살게 됩니다. 이런 삶이 영적인 나실인의 삶입니다.

> ♪ 예수를 나의 구주 삼고 성령과 피로써 거듭나니
> 이 세상에서 내 영혼이 하늘의 영광 누리도다
> 이것이 나의 간증이요 이것이 나의 찬송일세
> 나 사는 동안 끊임없이 구주를 찬송하리로다
>
> 온전히 주께 맡긴 내 영 사랑의 음성을 듣는 중에
> 천사들 왕래하는 것과 하늘의 영광 보리로다
> 이것이 나의 간증이요 이것이 나의 찬송일세
> 나 사는 동안 끊임없이 구주를 찬송하리로다

솔로몬과 술람미 여인의 거룩한 로맨스

그런가 하면 주의 은혜와 행복을 주 안에서 누리는 "거룩한 로맨스의 드라마"로 표현하고 있습니다. 아가서는 이스라엘 왕인 솔로몬과 술람미 여인의 사랑 이야기를 잘 묘사하고 있습니다. 솔로몬은 당시 근동지역에서 가장 위대한 제국의 왕이었습니다. 그런데 이스라엘 전통에 의하면 에브라임 산지에 솔로몬의 개인 포도원이 있었는데 그 포도원지기의 딸과 솔로몬이 사랑에 빠졌다는 것입니다.

세상에 솔로몬이 자기 포도원의 소작농의 딸과 사랑을 나누는 것입니다. 처음에는 술람미 여인이 자신은 왕의 사랑을 도저히 감당할 수 없다고 이리 도망 다니고 저리 도망 다녔다고 합니다. 그러나 솔로몬은 왕으로서가 아니라 한 남자로서 모든 호위병과 군사들을 물리치고 사과나무 아래 쉬고 있는 술람미 여인에게 찾아가서 눈물을 흘리며 구애합니다.

그래서 마침내 솔로몬과 술람미 여인의 사랑이 시작됩니다. 그 사랑은 거룩한 입맞춤으로 시작합니다. 그리고 그 달콤한 입맞춤의 사랑은 침실의 사랑으로 발전하지 않습니까? 그 침실의 사랑은 얼마나 황홀했는지 모릅니다. 그 황홀함은 그 밤을 깊고 푸른 밤이 되게 했습니다. 이런 기가 막힌 사랑 이야기가 아가서 1장에서부터 전개됩니다. 그런 사랑은 신약의 성도들에게 어떤 교훈을 주고 있습니까? 그것은 바로 예수 그리스도와 동행하는 삶, 즉 하나님의 임재 속에서 하나님과 동행하며 서정적이고 감성적인 사랑을 나누는 삶을 교훈합니다.

우리는 예수 그리스도와 신비적으로 연합된 신부가 아닙니까? 그러므로 하나님의 사랑을 우리가 누리면 누릴수록, 하나님의 사랑을 깊이 경험하면 경험할수록 예수 그리스도와의 신비로운 연합의 비밀을 깊이 느끼게 됩니다. 이것은 어떤 면에서 사람들에게 말할 수 없는 부분이기도 합니다. 나와 주님만이 알고 있는 믿음의 비밀이고 은혜의 깊은 경지이기 때문입니다. 그래서 주님의 은혜는 주는 자와 받는 자만 아는 아주 신비하고 비밀스러운 경지가 있는 은혜입니다.

이런 은혜를 경험하고 나니 하나밖에 없는 목숨도 주님께 드릴 수 있습니다. 기꺼이 믿음으로 순교도 할 수 있습니다. 이런 신앙의 신비체험이 있고 깊은 믿음의 비밀을 경험하고서 어떻게 우리가 세상의 쾌락을 좇아 살아갈 수 있단 말입니까? 어떻게 세상의 일락과 즐거움에 빠져 살 수 있겠습니까? 영적인 나실인은 그렇게 살 수 없습니다. 또 그렇게 살아서도 안 됩니다. 그런 의미에서 하나님은 나실인들에게 포도주를 멀리하라고 말씀하셨습니다.

포도주뿐입니까? 독주도 마찬가지입니다. 독주나 포도주나 비슷한 것입니다만, 어쨌든 독주를 마시면 정신이 희미해지고 판단 능력을 상실하게 됩니다. 그래서 우리의 육체는 더욱더 방종하게 되고 육체가 원하는 대로 행동하며 실수를 합니다. 큰 범죄를 저지릅니다. 그러므로 영적인 나실인이 된 사람은 언제나 하나님의 은혜로 살아야 합니다. 하나님이 주시는 신령한 기쁨으로 살아야 합니다. 포도주나 독주 대신 언제나 하나님의 만나로 살고, 말씀으로 살고, 주님의 신령한 은혜로 살아야 합니다. 왜냐하면 이렇게 사는 것이 우리의 기업이요, 영원한 재산이기 때문입니다.

♪ 나의 영원하신 기업 생명보다 귀하다
　나의 갈 길 다 가도록 나와 동행하소서

주께로 가까이 주께로 가오니
나의 갈 길 다 가도록 나와 동행하소서

세상 부귀 안일함과 모든 명예 버리고
험한 길을 가는 동안 나와 동행하소서
주께로 가까이 주께로 가오니
나의 갈 길 다 가도록 나와 동행하소서

2) 삭도를 머리에 대지 않아야 합니다.

민 6:5 그 서원을 하고 구별하는 모든 날 동안은 삭도를 절대로 그의 머리에 대지 말 것이라 자기 몸을 구별하여 여호와께 드리는 날이 차기까지 그는 거룩한즉 그의 머리털을 길게 자라게 할 것이며

여기에서 삭도라는 것은 면도칼을 의미합니다. 절대로 나실인은 면도칼로 머리를 빡빡 밀어서는 안 되었습니다. 유대인들에게서 머리카락은 사람이 살아가는 데 자연적으로 생기는 필수적인 힘을 의미했습니다. 그러므로 머리카락이 잘 자라도록 자연스럽게 방치하는 것은 자신의 모든 힘과 정력을 하나님을 위해 헌신하는 것을 의미했습니다. 또한 유대인들에게 머리털은 생명의 고상한 힘, 곧 하나님의 주권과 생명을 상징했습니다. 그러므로 머리털을 기르는 것은 자기를 주장하는 자가 세상 권력이 아니라 오히려 하나님이심을 상징하였습니다.

당시로서 머리털은 피 다음으로 생명을 상징했습니다. 따라서

머리털에 삭도를 대지 않는 행위는 생명의 주권자이신 하나님께 대한 복종과 경외를 나타낼 뿐만 아니라 하나님께 헌신하는 행위라고 생각했습니다. 그래서 하나님께서는 나실인의 서원을 하는 사람들에게 절대 머리털에 삭도를 대지 말라고 하셨습니다. 또한 당시 나실인들은 길게 자란 머리털이 곧 여호와를 위한 관이라고 생각하면서 머리털을 자르지 않았습니다.

나실인이 삭도를 대지 않은 이유

나실인이 머리에 삭도를 대지 않는 것은 두 가지로 정의할 수 있습니다.

① 자기 위에 계신 하나님의 주권을 인정하며 오직 그분만이 유일한 경배의 대상임을 나타내고 고백하는 의미였습니다.
② 하나님만이 자신의 생명과 힘의 유일한 근원임을 인식하여 자신의 모든 힘을 다해 그분의 영광만을 위해 살아가겠다는 의지의 표현이었습니다.

그런 의미에서 당시 이스라엘 백성들은 대머리도 수치스럽고 혐오스럽게 여겼습니다. 그 역시 비정상적인 상태에 있는 사람이라고 생각했기 때문입니다. 유대인들은 가장 수치스럽고 기가 막힐 때 수염을 쥐어 뜯고 머리를 쥐어 뜯었습니다. 그리고 머리를 빡빡 깎아 버리기도 했습니다. 그러므로 나실인이 머리에 삭도를 대지 않는 것은 오늘 우리의 눈으로 본다면 하나님의 절대주권 신앙과 로드십 신앙의 표현이라고 할 수 있습니다. 바로 '주영신앙'

이라고 할 수 있습니다. 주님의 절대주권을 믿는다면 모든 영광을 하나님께 돌리는 신앙입니다.

주님의 절대주권을 믿고, 주님을 정말 우리의 왕으로 모신다면 그저 죽든지 살든지 주님의 영광을 위해 산다는 '주영신앙'을 나실인을 통해 가르쳐 주셨습니다. 그리고 이 '주영신앙'을 통해 참된 거룩이 무엇인지를 깨닫게 하셨습니다. 이스라엘 백성들로 하여금 거룩한 삶을 살도록 나실인의 삶을 통해 교훈하셨습니다.

♪ 모든 영광 하나님께 / 모든 영광 하나님께
모든 영광 하나님께 / 나는 자유해

찬양하리 영원토록 / 찬양하리 영원토록
찬양하리 영원토록 / 나는 자유해

소리 높여 할렐루야 / 소리 높여 할렐루야
소리 높여 할렐루야 / 나는 자유해

3) 절대로 죽은 자의 시체를 가까이 하지도 말고 만지지도 말아야 합니다.

민 6:6-7 자기의 몸을 구별하여 여호와께 드리는 모든 날 동안은 시체를 가까이 하지 말 것이요 그의 부모 형제자매가 죽은 때에라도 그로 말미암아 몸을 더럽히지 말 것이니 이는 자기의 몸을 구별하여 하나님께 드리는 표가 그의 머리에 있음이라 죽음은 하나님 앞에서 제일 가증스럽고 비정한 것입니다. 그렇기에 나실인으로 생활하는 사람은 죽은 시체를 가까이 해서도 안 되고 만져서도 안 됩니다. 시체를 봤다면 바로 도망가야 합니다. 이것은 오늘날 우리에게 어떠한 교훈을 주고 있습니까? 바로 사람을 부패하게 하는 죄를 멀리하라는 것입니다. 세상 죄와 거리를 두고 살라는 말입니다. 아무리 거룩하고 경건한 사람이라도 죄와 가까운 곳에 있으면 반드시 넘어지게 되어 있습니다. 반드시 그 죄 가운데로 끌려가게 되어 있습니다. 그래서 그런 부정한 시체나 부패한 주검과는 반드시 구별되고 떨어져 있어야 한다는 사실을 가르쳐 주셨습니다. 나실인이 이런 규례를 지키며 살아갈 때 그 나실인은 하나님 보시기에 얼마나 거룩한 사람인지 모릅니다.

민 6:8 자기의 몸을 구별하는 모든 날 동안 그는 여호와께 거룩한 자니라

나실인은 이 세 가지 계명을 잘 지켜야 했습니다. 포도주와 독주를 가까이하지 않고 머리에 삭도를 대지 않으며 주검을 가까이 하지 않는 이 세 가지 규례를 지키는 일에 나실인은 올인하고 목숨을 걸어야 했습니다. 그래야 하나님 보시기에 거룩한 사람이 될 수 있었기 때문입니다. 그런데 신약의 교회와 성도는 영적 나실인입니다. 교회도 세상으로부터 부름 받은 공동체입니다. '교회'라는 말은 헬라어로 '에클레시아'인데, 이 말은 '에크'(~로부터) + '칼레오'(부르다)라는 말로 되어 있습니다. 즉, 교회는 '세상으로부터 부름 받은 자들'입니다.

그리고 성도들은 그 교회를 이루는 지체로서 하나님 앞에 부름

받은 개개인의 영적인 나실인입니다. 이 나실인들은 매주 출애굽을 연습합니다. 세상으로부터 출애굽하여 교회라고 하는 별천지로 들어오는 것입니다. 나실인의 거룩한 공동체인 교회로 별세의 세계를 경험하기 위해 매주 온다는 말입니다. 그는 별세의 공동체인 교회에서 거룩을 회복하고 거룩의 능력을 소유하며 다시 세상으로 나갑니다.

세상에서 살다가 다시 교회로 오고, 교회에서 은혜 받고 다시 세상에 나가서 거룩을 전파합니다. 그리고 다시 주일이 되면 교회로 옵니다. 이렇게 신약의 성도들은 거룩한 나실인의 삶을 살아야 합니다. 그런데 이것이 다람쥐 쳇바퀴 돌 듯이 매너리즘에 빠져서는 절대 안 됩니다. 형식은 그렇지만 우리는 거룩한 영성을 지키고 소유하는 데 정말 생명을 걸어야 합니다. 거룩한 나실인의 삶을 살아가기 위해 올인하고 목숨을 걸어야 합니다. 이렇게 살아가는 성도가 오늘날 진실한 나실인이 되는 것이고 역사의 그루터기로 남습니다. 그리고 시대의 항체요 저항인자가 됩니다.

뿐만 아니라 이 시대의 거룩의 발원이 되고 진원지가 됩니다. 아니, 이 시대에 왕 같은 제사장으로 살아갑니다. 그냥 제사장이 아니라 왕 같은 제사장, 영계의 거룩한 왕관을 쓴 왕 같은 대제사장의 삶을 살아갑니다. 그러므로 우리는 거룩한 영성에 올인하고 생명을 걸 수 있어야 합니다. 이렇게 사는 사람에게 하나님은 엄청나게 구별된 축복을 주십니다. 오늘의 나실인을 향해 하나님은 엄청난 청지기의 축복을 주십니다.

요셉, 구별한 자의 정수리의 축복을 받다

바로 이런 축복을 요셉이 받았습니다.

창 49:26 네 아버지의 축복이 내 선조의 축복보다 나아서 영원한 산이 한 없음 같이 이 축복이 요셉의 머리로 돌아오며 그 형제 중 뛰어난 자의 정수리로 돌아오리로다

신 33:16 땅의 선물과 거기 충만한 것과 가시떨기나무 가운데에 계시던 이의 은혜로 말미암아 복이 요셉의 머리에, 그의 형제 중 구별한 자의 정수리에 임할지로다

창세기 49장 26절은 요셉의 축복을 "뛰어난 정수리의 축복"으로 표현하고 있고, 신명기 33장 16절에서는 "구별한 자의 정수리의 축복"으로 표현하고 있습니다.[26] 그런데 이 말이 히브리 원문에는 무엇이라고 되어 있는 줄 아십니까? 바로 '네쩨르'라는 말로 표현되어 있습니다. '나실인'이라는 말입니다. 나실인과 똑같은 단어를 사용했습니다. 이 말을 그대로 직역하면 하나님께서 요셉을 구별된 나실인으로 세워 주시겠다는 말입니다.

무슨 말입니까? 요셉도 사무엘이나 삼손처럼 하나님께서 지명하여 나실인으로 세워 주셨다는 것입니다. 그래서 나실인의 삶을

---

26) 창세기 49장 26절과 신명기 33장 16절에 나타난 "형제 중 뛰어난 자의 정수리"는 히브리어로 "우베카드코드 **네쩨르** 아하이브"이다. 즉 요셉은 나실인처럼 자신을 하나님께 구분하여 드리는 거룩한 삶을 살았고, 하나님께서는 요셉에게 나실인의 축복, 즉 형제들과는 구분되는 축복을 주셨다.

살도록 하기 위해 요셉을 애굽으로 보낸 것입니다. 요셉이 애굽에서 얼마나 처절한 고난을 겪었습니까? 그 처절한 고통 속에서도 요셉은 끝까지 나실인의 삶을 산 것입니다. 특별히 보디발의 아내로부터 얼마나 끈질긴 유혹을 받았습니까? 부글부글 끓어오르는 정욕의 20대 청년이 얼마나 육감적으로 유혹을 받았겠습니까? 20대는 성적 유혹에 가장 연약한 때입니다.

그런데 노골적으로 보디발의 아내가 요셉을 유혹하였습니다. 정말 죽을 지경이고 미칠 지경입니다. 그러나 요셉은 철저하게 나실인의 삶을 살았습니다. 보디발의 아내의 유혹에 넘어가지 않았습니다. 그래서 결국 감옥에 갑니다. 그는 감옥에 가서도 얼마나 배신을 당합니까? 술 관원장이 요셉의 꿈 해몽을 받고 바로 왕 앞에 복직이 되어 나갈 때 호언장담을 하였습니다.

"내가 당신의 억울함을 바로 왕에게 하소연 해주겠소!"

그런데 한 달이 가고, 두 달이 가고, 1년 2년이 가도, 소식 한 번 없습니다. 편지 한 장 없습니다. 얼마나 배신을 당하고 실망할 수밖에 없는 상황입니까? 그래도 그는 언제나 하나님 앞에서 나실인의 삶을 살았습니다. 언제나 마음과 몸을 구별하고 삶과 구별하며 살았습니다. 그랬을 때 하나님께서 요셉을 애굽의 총리로 세워 주셨지 않습니까? 많은 애굽의 국민들이 요셉을 우러러보며 존경하게 되었습니다. 그뿐입니까? 요셉은 형제들 가운데서도 가장 구별되고 뛰어난 축복을 받게 되었습니다. 그런 축복을 바로 "정수리의 축복"이라고 말하고 있습니다.

주영신앙과 정수리의 축복

오늘날에도 우리가 요셉처럼 나실인의 경건한 삶을 살아가면 하나님은 반드시 보상해 주십니다. 오늘날 우리가 진정으로 나실인처럼 세상 쾌락을 멀리하고 오직 하나님이 주시는 은혜와 기쁨으로만 살아가면 하나님은 보상해 주십니다. 뿐만 아니라, '주영신앙'을 가지고 하나님께 헌신하며 영광 돌리는 삶을 살아가면 하나님은 반드시 보상해 주십니다. 거기다가 죄를 멀리하고, 하나님과 동행하는 나실인의 삶을 살아가면 하나님은 반드시 우리에게 요셉처럼 뛰어난 정수리의 축복을 주십니다. 구별된 정수리의 축복으로 보상해 주십니다.

세상적인 축복만이 아닙니다. 물론 예수 안 믿고 세상적으로 살아도 잘되는 사람이 있습니다. 그러나 그것은 썩은 동아줄을 붙잡고 있는 것입니다. 썩은 축복입니다. 복처럼 생겼지만 진짜 복은 아닙니다. 짝퉁 축복입니다. 그러나 우리는 하나님 안에서 하나님과 동행하는 축복과 더불어서 하나님이 우리를 존귀하게 세워주시는 정수리의 축복을 받게 됩니다. 부족하지만 저는 그런 축복을 받고 있다고 확신합니다. 저는 잘난 것이 하나도 없습니다. 주님 앞에서 부족합니다. 지방 신학교 나온 목사입니다. 자랑할 스펙은 전혀 없습니다.

그러나 부족하지만 나실인과 같은 삶을 살려고 애쓰며 거룩한 영성에 올인 했을 때 하나님은 저에게 뛰어난 정수리의 축복을 차곡차곡 주시는 것을 볼 수 있지 않습니까? 정금성 권사님도 이화여대를 나왔습니까? 아니면 이화여고라도 나왔습니까? 그러나 권사님이 주님 앞에 자신의 몸을 바치고 영혼을 바치며 나실인과 같은 삶을 살아 왔을 때 하나님께서 '네쩨르'의 축복을 주시지 않았습니까? 나실인과 같은 은혜와 축복을 주시지 않았습니까? 우리가 이 시대의 요셉, 다니엘, 사무엘이 되어야 합니다. 이런 나실인의 삶을 살고 거룩한 영성에 목숨을 걸고 올인하며 뛰어난 정수리의 축복을 누려야 합니다.

3. 나실인의 삶은 어떻게 마쳐지는가?

평생 나실인은 평생 나실인으로 살아야 합니다. 그러나 특별한 기간에만 나실인으로 서원해서 살아가는 사람은 그 기간을 마치면 속죄제와 번제 그리고 화목제를 드렸습니다.

> 민 6:13-15 나실인의 법은 이러하니라 자기의 몸을 구별한 날이 차면 그 사람을 회막 문으로 데리고 갈 것이요 그는 여호와께 헌물을 드리되 번제물로 일 년 된 흠 없는 숫양 한 마리와 속죄제물로 일 년 된 흠 없는 어린 암양 한 마리와 화목제물로 흠 없는 숫양 한 마리와 무교병 한 광주리와 고운 가루에 기름 섞은 과자들과 기름 바른 무교전병들과 그 소제물과 전제물을 드릴 것이요

왜 나실인이 속죄제를 드려야 한단 말입니까? 혹시라도 자기도 모르는 사이에 부정이 틈탈 수도 있기 때문입니다. 자기도 모르게 하나님 앞에서 허물과 범과가 있을 수도 있습니다. 그런 의미에서 속죄제를 드립니다. 그리고 번제와 화목제를 드립니다. 그것은 바

로 자신이 아무리 정결하게 살고 거룩한 규례를 지켰다 하더라도 그것은 내가 한 것이 아니라 하나님이 한 것이기 때문입니다. 이렇게 하나님의 은혜로 했을 뿐이라는 의미에서 번제와 화목제를 드렸습니다.

그런데 우리는 평생 나실인으로 지명되고 부름 받은 성도들입니다. 그러므로 우리는 평생 나실인으로 살아야 합니다. 평생 나실인으로 살아야 하지만 더 거룩하고 더 하나님께 가까이 나아가는 나실인으로 살기 위해 가끔씩 특별한 헌신을 할 필요도 있다고 봅니다. 그래서 신년 초가 되면, 몇 주 동안 하나님께 몸을 바치며 금식하기도 하고 또 특별 새벽기도를 통해 자신의 몸을 드리기도 하며 여러 가지 나실인적 삶을 준비하며 헌신하기도 합니다.

그런 나실인적 헌신이 끝난 후, 또 하나님께 이런 고백을 하며 감사의 예물을 드립니다.

"하나님, 제가 한 것이 아닙니다. 바로 하나님의 은혜로 한 것입니다. 하나님의 은혜로 기도하고 금식하고 봉사하며 섬겼을 뿐입니다. 다 하나님의 은혜입니다. 하나님, 감사합니다. 저를 통해 영광 받아 주옵소서."

우리는 이 시대의 거룩한 나실인으로 살아야 합니다. 거룩한 영성에 올인해야 합니다. 거룩한 영성의 삶을 사는 데 목숨을 걸어야 합니다. 그래서 요셉처럼 뛰어난 정수리의 축복을 받아 누리며 언제나 승리하며 하나님께 영광 돌리고 살아야 합니다.

♪ 내 마음에 주를 향한 사랑이
　나의 말엔 주가 주신 진리로

나의 눈에 주의 눈물 채워주소서
내 입술에 찬양의 향기가
두 손에는 주를 닮은 섬김이
나의 삶에 주의 흔적 남게 하소서

하나님의 사랑이 영원히 함께하리
십자가의 길을 걷는 자에게
순교자의 삶을 사는 이에게
조롱하는 소리와 세상 유혹 속에도
주의 순결한 신부가 되리라
내 생명 주님께 드리리

8. 거룩의 능력을 회복하라

"들릴라가 이르되 삼손이여 블레셋 사람이 당신에게 들이닥쳤느니라 하니 삼손이 잠을 깨며 이르기를 내가 전과 같이 나가서 몸을 떨치리라 하였으나 여호와께서 이미 자기를 떠나신 줄을 깨닫지 못하였더라 블레셋 사람들이 그를 붙잡아 그의 눈을 빼고 끌고 가사에 내려가 놋줄로 매고 그에게 옥에서 맷돌을 돌리게 하였더라 그의 머리털이 밀린 후에 다시 자라기 시작하니라 블레셋 사람의 방백들이 이르되 우리의 신이 우리 원수 삼손을 우리 손에 넘겨 주었다 하고 다 모여 그들의 신 다곤에게 큰 제사를 드리고 즐거워하고 백성들도 삼손을 보았으므로 이르되 우리의 땅을 망쳐 놓고 우리의 많은 사람을 죽인 원수를 우리의 신이 우리 손에 넘겨 주었다 하고 자기들의 신을 찬양하며 그들의 마음이 즐거울 때에 이르되 삼손을 불러다가 우리를 위하여 재주를 부리게 하자 하고 옥에서 삼손을 불러내매 삼손이 그들을 위하여 재주를 부리니라 그들이 삼손을 두 기둥 사이에 세웠더니 삼손이 자기 손을 붙든 소년에게 이르되 나에게 이 집을 버틴 기둥을 찾아 그것을 의지하게 하라 하니라 그 집에는 남녀가 가득하니 블레셋 모든 방백들도 거기에 있고 지붕에 있는 남녀도 삼천 명 가량이라 다 삼손이 재주 부리는 것을 보더라 삼손이 여호와께 부르짖어 이르되 주 여호와여 구하옵나니 나를 생각하옵소서 하나님이여 구하옵나니 이번만 나를 강하게 하사 나의 두 눈을 뺀 블레셋 사람에게 원수를 단번에 갚게 하옵소서 하고 삼손이 집을 버틴 두 기둥 가운데 하나는 왼손으로 하나는 오른손으로 껴 의지하고 삼손이 이르되 블레셋 사람과 함께 죽기를 원하노라 하고 힘을 다하여 몸을 굽히매 그 집이 곧 무너져 그 안에 있는 모든 방백들과 온 백성에게 덮이니 삼손이 죽을 때에 죽인 자가 살았을 때에 죽인 자보다 더욱 많았더라"(삿 16:20-30).

• • •

삼손은 날 때부터 나실인으로 태어났습니다. 하나님은 그가 잉태되기 전부터 나실인으로 지명해 주셨습니다. 그렇게 나실인으로 살면서 이스라엘의 큰 구원자가 되리라는 것도 말씀하셨습니다. 원래 삼손의 부모는 결혼한 지 오래 되었지만 잉태를 하지 못했습니다. 그런데 어느 날 하나님의 사자를 만난 후에 삼손을 잉태하리라는 계시를 받게 되었습니다.

삿 13:3-5 여호와의 사자가 그 여인에게 나타나서 그에게 이르시되 보라 네가 본래 임신하지 못하므로 출산하지 못하였으나 이제 임신하여 아들을 낳으리니 그러므로 너는 삼가 포도주와 독주를 마시지 말며 어떤 부정한 것도 먹지 말지니라 보라 네가 임신하여 아들을 낳으리니 그의 머리 위에 삭도를 대지 말라 이 아이는 태에서 나옴으로부터 하나님께 바쳐진 나실인이 됨이라 그가 블레셋 사람의 손에서 이스라엘을 구원하기 시작하리라 하시니 마침내 하나님의 은혜로 삼손이 태어났습니다. 하나님의 은혜와 기적으로 태어난 삼손에게 여호와 하나님께서 함께하시고 복을 주셨습니다. 뿐만 아니라 마침내 여호와의 영이 그를 감동하며 움직이기 시작하셨습니다.

> 삿 13:24-25 그 여인이 아들을 낳으매 그의 이름을 삼손이라 하니라 그 아이가 자라매 여호와께서 그에게 복을 주시더니 소라와 에스다올 사이 마하네단에서 여호와의 영이 그를 움직이기 시작하셨더라

하나님의 임재와 축복 속에서 삼손은 하나님의 위대한 용사로 자라고 거룩한 전사로 성숙했습니다. 물론 하나님 앞에서 거룩한 나실인의 삶을 잘 살아왔습니다. 그런데 그때는 이스라엘이 블레셋의 압제하에 있었습니다. 삼손의 사명은 압제당하고 있는 이스라엘을 압제하고 있는 블레셋으로부터 구원해 내는 것이었습니다.

외로운 게릴라 전사, 삼손

그러나 삼손은 군대를 거느리고 블레셋과 싸우지 않습니다. 군사들을 모집하고 블레셋과 전면전을 통하여 싸운 것이 아니었습니다. 삼손은 소위 말하면 게릴라전을 통하여 블레셋과 싸우고 이스라엘을 구원하였습니다. 왜 그랬을까요? 삼손 당시는 싸울 사람이 없었기 때문입니다. 여호수아서에서 사사기에 이르기까지 얼마나 많은 전쟁 이야기들이 기록되어 있습니까? 여호수아나 그 이후의 사사들은 용사를 이끌고 전면전을 했습니다.

그러나 유독 삼손만 혼자 싸웠습니다. 기드온 때는 그래도 300명 군사를 데리고 가서 싸우지 않았습니까? 그러나 삼손만 항상 치고 빠지는 게릴라전을 통해서 블레셋과 싸우고 이스라엘을 구원했습니다. 삼손 때에 와서는 아예 싸울 사람이 없었기 때문입니다. 사사기 기자는 삼손의 게릴라전을 통해서 지금 이스라엘 백성들 모습이 어떻게 점차 변해 가고 있는가를 보여 줍니다. 이스라엘 백성들은 가나안 땅을 정복한 이후에 세월이 흐르면서 점차 하나님의 백성으로서의 정체성을 잃어 가고 있었습니다. 정체성을 잃어버리니까 하나님이 주신 거룩한 언약에 대한 확신도 희미해져가고 있었습니다.

그런 그들은 가나안 땅에서 주인 노릇을 하고 살기보다는 가나안 족속들의 통치에 익숙해져 가고 적응을 하고 있었습니다. 그러다 보니 그들은 언약 백성임에도 불구하고 하나님으로부터 약속받은 언약의 땅 주인으로서의 주인의식을 잃어 가고 있었습니다. 그러니 가나안 땅의 진정한 주인으로서 살려고 하는 어떤 사명감이나 소명감도 다 사라져 버리고 말았습니다. 그들은 이제 점점 왜 가나안 국민들과 싸워야 하는지도 몰랐습니다. 아니, 누구와 싸워야 하는지도 잊어버리고 말았습니다. 그러니 그 전투적이고 호전적인 블레셋 족속들과 싸우려는 마음조차 있었겠습니까? 바로 이런 이유 때문에 삼손은 전면전이 아닌 게릴라전을 하며 혼자 외로운 싸움을 하고 있었습니다.

이런 게릴라 삼손의 모습은 이스라엘의 영적인 상태가 어떠한가를 반사적으로 투영하고 있습니다. 이스라엘이야말로 더 이상 하나님의 나라를 위해 싸우지도 못했을 뿐만 아니라 싸워야 하는 이유도 모르는 상태라는 것입니다. 바로 그 모습을 외로운 게릴라 전사, 삼손을 통해 보여주고 있습니다.

전투적인 교회로 부름 받은 지상 교회

바로 이러한 모습이 오늘 우리의 모습은 아닌가 생각해 볼 필요가 있습니다. 지금 우리 한국교회는 세계 어떤 나라보다 더 많은 교회수를 자랑하고 있습니다. 그러나 교회수가 많고 교인수가 많다고 해서 하나님 나라를 위한 전투력이 강하다고 볼 수만은 없습니다. 지금까지 우리 한국교회는 얼마나 얻어 맞아왔습니까? 지금까지 언론이나 미디어로부터 얼마나 공격을 받아왔습니까?

그러나 요즘 어느 성도, 어느 교회가 이런 공격을 향하여 영적인 싸움을 하려고 한단 말입니까? 전면에 나서봤자 욕만 먹고 이익 볼 게 아무것도 없다는 것입니다. 그러니 튀지 말자고 생각하며 몸조심합니다. 나만 정결하게 살고 내 교회만 잘되면 된다는 것입니다. 잘못 끼었다가는 나만 얻어맞고 우리 교회에 불똥이 튄다고 생각합니다. 그래서 대부분의 교회와 목사와 성도들이 전면에 나서지를 않습니다.

그러나 자기 혼자 경건하게 살고 내 교회만 건강하다고 하나님이 기뻐하시겠습니까? 그것은 진정한 거룩이 될 수 없습니다. 하나님이 그런 자들을 기뻐하시지도 않고 복을 주실 수가 없습니다. 비록 부족하고 연약할지라도 비느하스처럼, 다윗처럼, 레위 지파처럼, 야일이라고 하는 여자처럼 하나님 나라를 위해 싸우고 교회를 위하여 일어나는 언약의 용사들에게 오히려 하나님이 인정해 주시고 칭찬해 주십니다.

어차피 하나님은 지상교회를 전투적인 교회로 세워주셨습니다. 우리 역시 하나님의 전사요 영광의 전사로 불러 주셨습니다. 그렇게 부름 받은 우리는 거룩한 의협심을 가지고 비느하스처럼 일어나야 하지 않겠습니까? 삼손처럼 외롭게라도, 혹은 게릴라 전투를 통해서라도 우리가 싸워야 한다는 사실을 교훈받아야 합니다. 하나님의 영광을 위하여, 그리고 하나님의 참된 거룩의 회복을 위하여, 우리는 일어나 싸워야 합니다. 하나님의 교회의 영광성과 거룩성 회복을 위하여 우리도 삼손처럼 게릴라전을 통해서라도 싸워야 합니다.

물론 뭉치면 더 좋습니다. 그래서 연합이 필요합니다. 그러나 비록 연합할 교회가 부족하고 없어도 그래도 연합해야 합니다. 그런 작은 연합의 힘으로 무엇을 하느냐고 질문할지 모르지만, 그래도 연합해야 합니다. 그래도 우리는 일어나 싸워야 합니다. 그래서 아직은 너무나 부족하고 미미하지만 저는 새에덴교회 성도들과 함께 교회의 영광성, 거룩성 회복운동에 최선을 다해왔습니다. 비록 하다가 힘이 부쳐서 지치고 힘들지라도 그런 영적 전투를 위해서 모든 힘을 쏟아왔습니다.

때로는 전면전으로 때로는 게릴라전으로 말입니다. 저희 교회만을 위해 그렇게 하는 것이 아닙니다. 우리 교회만의 부흥과 영광을 위해서 한 것이 아닙니다. 무엇보다 하나님의 영광을 위해서였고 더 나아가 한국교회의 영광성과 거룩성을 회복하기 위해서였습니다. 그런 우리 교회에 하나님이 큰 위로와 보상과 영광으로 복을 주셨습니다. 그러므로 한국교회가 개인주의 신앙, 개교회주의를 넘어서 모두 하나 되어 함께 하나님의 영광과 하나님 나라 확장을 위하여, 교회의 거룩성과 영광성 회복을 위하여 전진해야 합니다. 이런 거룩한 영적 전쟁에 더 헌신하며 희생할 수 있어야 합니다.

♪ 주의 진리 위해 십자가 군기 하늘 높이 들고서
　주의 군사 되어 용맹스럽게 찬송하며 나가세
　나가세 나가세 주 예수만을 위하여
　목숨까지도 바치고 싸움터로 나가세

삼손의 로맨틱한 게릴라전

삼손은 어떻게 게릴라전을 시작합니까? 한마디로 삼손의 게릴라전은 여자를 미끼로 하는 게릴라전이었습니다. 여자를 미끼로 하는 로맨틱한 게릴라전, 그래서 삼손의 전쟁에는 항상 로맨스가 있었습니다. 삼손은 하나님의 위대한 용사요 전사이기도 하였지만 또 다른 면에서 아주 이름난 로맨티스트요, 로맨스 전쟁 드라마의 연출가라고 할 수 있습니다.

그런데 처음 몇 번은 전쟁 승리를 위한 로맨스 드라마 연출의 승리를 하고 성공을 했지만, 나중에는 너무 비참하게 한 여자에 의해 망하게 되는 역설적 아이러니를 볼 수가 있습니다. 그러면 삼손은 어떻게 여자를 미끼로 게릴라전을 시작합니까? 삼손은 먼저 블레셋으로 가서 딤나에 살고 있는 블레셋 여자 하나를 찜했습니다. 그리고는 부모에게 그 여자와 결혼을 하고 싶으니 허락해 달라고 간청합니다. 그러자 부모가 얼마나 노발대발하는지를 모릅니다.

"야 이놈아, 너는 정신이 있는 거냐, 없는 거냐. 우리 이스라엘 땅에 여자가 천지인데 어떻게 할례 받지 않는 저 블레셋 사람의 딸과 결혼을 하려고 한단 말이냐."

그러자 삼손은 자기가 그 여자를 좋아하니 제발 며느리로 받아 달라고 종용을 합니다. 많은 사람이 삼손의 타락을 이야기할 때 여기서부터 잘못되었다고 지적합니다. 다시 말하면 여기서부터 삼손이 거룩의 영성을 잃고 타락하기 시작했다고 봅니다. 물론 그렇게 볼 수도 있습니다. 그러나 분명한 것은 삼손이 이런 행동을 하기 시작한 것은 바로 여호와의 영이 그를 움직이기 시작한 바로 그 이후였다는 사실입니다. 그리고 삼손이 이렇게 한 목적은 기회를 봐서 블레셋 사람을 치려는 목적 때문이었습니다. 더구나 그 부모는 몰랐지만 이 작전은 하나님으로부터 나왔다는 사실을 성경은 분명히 밝혀주고 있습니다.

> 삿 13:25-14:1 소라와 에스다올 사이 마하네단에서 여호와의 영이 그를 움직이기 시작하셨더라 삼손이 딤나에 내려가서 거기서 블레셋 사람의 딸들 중에서 한 여자를 보고

> 삿 14:4 그때에 블레셋 사람이 이스라엘을 다스린 까닭에 삼손이 틈을 타서 블레셋 사람을 치려 함이었으나 그의 부모는 이 일이 여호와께로부터 나온 것인 줄은 알지 못하였더라

우리는 삼손의 이야기를 좀 더 하나님의 의도와 성경적 관점에서 새롭게 볼 수 있어야 합니다. 지금 삼손은 블레셋 여자가 좋아

서 죽고 못 사는 것이 아닙니다. 그래서 그 여자와 결혼을 하겠다는 것이 아니었습니다. 삼손은 블레셋과 전쟁을 하기 위해서 궁리하고 있었을 때 하나님의 영의 감동과 지혜가 삼손에게 왔다는 것입니다. 물론 여기서 히브리어로 "후"라는 말을 관계대명사로 보면 여호와로도 번역할 수 있고, 3인칭 남성단수로 보면 삼손으로 번역할 수 있습니다.

둘 다 번역이 가능합니다. 그래서 개역개정판은 삼손으로 번역했고, 공동번역은 여호와로 번역했습니다. 그리고 영어성경은 서로 반반입니다. 그러나 여호와로 번역하면 여호와 하나님께서 삼손에게 블레셋 여자를 좋아하게 만들었다는 의미가 됩니다. 그래서 저는 "후"를 삼손으로 번역합니다. 그래야 문맥상도 맞고 해석도 무리가 없습니다. 즉, 삼손이 블레셋을 치기 위해 일부러 블레셋 여자와 결혼했고 이 일에 하나님도 함께하시고 역사해주셨다는 말입니다.

부모에게도 감춘 삼손의 비밀 전략

이 일을 아직 삼손의 부모는 몰랐습니다. 그러나 삼손이 하도 부모에게 사정을 하고 귀찮게 구니까 결국 부모도 삼손과 함께 딤나에 있는 여자에게 내려갔습니다. 요즘 말로 말하면 선을 보고 괜찮으면 결혼 날짜를 잡으려고 가는 것입니다. 딤나로 가는 길에 한 포도원에 이르렀는데 젊은 사자가 삼손을 보고 포효하는 겁니다. 그때 여호와의 영이 삼손에게 강력하게 임하셨습니다. 그래서 삼손의 손에 아무것도 잡힌 것이 없었지만 맨손으로 그 사자를 찢어 죽였습니다. 마치 염소 새끼를 찢는 것같이 사자를 찢어 죽여 버렸습니다.

그러나 삼손은 이 일을 부모에게 알리지 않았습니다. 왜냐면 삼손은 블레셋을 향한 자신의 전쟁 전략이 혹시라도 부모에게 노출될까 싶은 염려 때문이었을 것입니다. 이렇게 삼손은 아주 치밀하고 용의주도했습니다. 이제 마침내 결혼 날짜가 되어 삼손이 장가를 가려고 딤나로 내려갔습니다. 그런데 내려가다 보니까 그때 포도원에서 자기가 죽였던 사자가 어떻게 되었나 하고 사자가 죽어 있는 곳으로 가 보았습니다. 그랬더니 사자의 사체 속에 벌들이 집을 지어 놓고 꿀을 엄청나게 따다가 놓았습니다. 삼손은 그 꿀을 따서 걸어가면서 부모님과 함께 먹었습니다. 그런데도 그 꿀을 죽은 사자의 몸에서 따왔다고 알리지를 않았습니다.

삿 14:8-9 얼마 후에 삼손이 그 여자를 맞이하려고 다시 가다가 돌이켜 그 사자의 주검을 본즉 사자의 몸에 벌 떼와 꿀이 있는지라 손으로 그 꿀을 떠서 걸어가며 먹고 그의 부모에게 이르러 그들에게 그것을 드려서 먹게 하였으나 그 꿀을 사자의 몸에서 떠왔다고는 알리지 아니하였더라

많은 사람들이 이것이 삼손이 타락하게 된 두 번째 원인이라고 말합니다. 바로 사자의 사체 속에 있는 꿀을 떠먹었기 때문이라는 것입니다. 원래 삼손은 나실인으로 자랐기 때문에 죽음을 보아서도 안 되고 더구나 사체 속에 있는 꿀을 먹어서도 안 됩니다. 물론 맞는 이야기입니다. 죽은 사자의 사체를 보러 갈 이유도 없었고 그

사체 속에 꿀이 있다 하더라도 그 꿀을 따서 먹어서는 안 되었습니다. 삼손은 나실인으로서 사자의 사체를 보았고 더구나 그 속에 있는 꿀까지 먹음으로 부정결한 상태가 되었습니다. 삼손은 지금 '거룩-부정결' 상태가 되었다고 말할 수 있습니다.

그러나 우리는 또 다른 관점에서 성경을 볼 필요가 있습니다. 삼손이 사자 사체 속에서 꿀을 땄기 때문에, 그리고 그 꿀이 부정한 꿀이라고 해서만 부모님에게 알리지 않았을까요? 정말 그랬는가를 우리는 또 관찰해 볼 필요가 있습니다. 삼손은 9절에서 꿀을 사자의 사체 속에서 딴 것이라고 부모에게 알리지 않았을 뿐만 아니라 6절에서도 자기가 하나님의 능력으로 사자를 죽인 것을 부모에게 똑같이 알리지 않았습니다. 6절에서 사자를 죽인 것과 9절에서 죽은 사자의 사체 속에서 꿀을 따 먹었던 것을 동일하게 알리지 않았습니다.

> 삿 14:6 여호와의 영이 삼손에게 강하게 임하니 그가 손에 아무것도 없이 그 사자를 염소 새끼를 찢는 것같이 찢었으나 그는 자기가 행한 일을 부모에게 알리지 아니하였더라

> 삿 14:9 손으로 그 꿀을 떠서 걸어가며 먹고 그의 부모에게 이르러 그들에게 그것을 드려서 먹게 하였으나 그 꿀을 사자의 몸에서 떠왔다고는 알리지 아니하였더라

이 두 구절은 굉장히 깊은 상관관계가 있다고 할 수 있습니다. 삼손은 왜 사자를 찢어 죽인 것과 그 사체 속에서 꿀을 떠 왔다는

이야기를 부모님께 말하지 않았을까요? 그것은 바로 블레셋과의 전쟁과 관련이 있었기 때문입니다. 지금 삼손은 자기에게 하나님의 특별한 권능의 힘이 임하고 있다는 사실을 부모에게 고의적으로 알리지 않았습니다. 그러면서 나중에 사자의 사체 속에서 꿀을 떠먹는 사건을 블레셋 사람들에게 수수께끼로 내려는 작전을 짜고 있었습니다.

만약에 이것을 부모님이 알아 버린다면 비밀이 새어나갈 수도 있지 않겠습니까? 왜냐면 부모님은 얼마든지 자랑할 수 있기 때문입니다. "우리 아들이 얼마나 천하장사인지 아십니까? 세상에, 오는 길에 젊은 사자를 염소 새끼를 찢는 것처럼 찢어버렸고 그 몸 속에 있는 꿀을 먹어 버렸습니다." 그렇게 자랑을 하고도 남았을 것입니다. 제 아들 키가 1미터 86에다가 얼마나 얼짱이고, 몸짱인지 아십니까? 그러니까 제가 항상 아들 자랑을 합니다. 이명박 대통령, 김문수, 남경필 경기도 지사, 박근혜 대통령한테도 아들 자랑을 했습니다. 부모 마음이 그런 것입니다.

삼손의 수수께끼와 게릴라 전투

마침내 삼손이 블레셋에 가서 장가를 들었습니다. 블레셋 사람의 풍습에 따라 일주일간 잔치를 하였습니다. 그 잔치에 블레셋 청년들 30명이 왔는데 삼손과 함께 동무를 하며 잔치를 즐겼습니다. 그때 삼손이 첫날 저녁 그들에게 수수께끼를 내었습니다.

"내가 낸 수수께끼를 잔치하는 일주일 동안에 풀면 내가 너희에게 베옷 30벌과 겉옷 30벌을 줄 것이고, 능히 풀지 못하면 너희들이 나에게 겉옷 30벌을 주기로 하자."

삼손이 이렇게 하는 이유가 있었습니다. 이 일을 핑계로 블레셋을 치려고 했기 때문입니다. 어떻게든지 빌미를 잡고 시비를 걸어서 그들과 싸우려고 했습니다. 그러면 그 수수께끼의 내용이 무엇입니까? 먹는 자에게서 먹는 것이 나오고 강한 자에게서 단 것이 나왔는데 그것이 무엇이냐는 것이었습니다. 바로 그 수수께끼의 답은 자기가 얼마 전에 죽였던 사자와 꿀에 대한 내용이었습니다.

그것을 어떻게 블레셋 청년들이 알아맞히겠습니까? 불가능합니다. 그래서 마지막 날에 이르러서 블레셋 청년들이 삼손의 아내에게 와서 겁박을 합니다.

"어떻게든지 네 남편을 꼬셔서 수수께끼의 답을 알려 달라, 그렇지 않으면 너와 네 아버지의 집을 불살라 버리겠다."

그러니까 삼손의 아내가 삼손에게 울면서 수수께끼의 답을 가르쳐달라고 합니다.

"정말로 당신이 나를 사랑한다면 답을 알려 주세요. 답을 알려 주지 않으면서 어떻게 나를 사랑한다고 할 수 있겠어요."

그러자 삼손이 수수께끼의 비밀을 알려주었습니다.

삿 14:17 칠 일 동안 그들이 잔치할 때 그의 아내가 그 앞에서 울며 그에게 강요함으로 일곱째 날에는 그가 그의 아내에게 수수께끼를 알려 주매 그의 아내가 그것을 자기 백성들에게 알려 주었더라

삼손의 아내 덕분에 블레셋 청년 30명은 삼손에게 정답을 이야기할 수 있었습니다.

8. 거룩의 능력을 회복하라

"무엇이 꿀보다 달겠으며 무엇이 사자보다 강하겠느냐."

삿 14:18(상) 일곱째 날 해 지기 전에 성읍 사람들이 삼손에게 이르되 무엇이 꿀보다 달겠으며 무엇이 사자보다 강하겠느냐……

그러자 삼손이 아주 화가 났습니다. 이 블레셋 놈들이 자기 아내를 협박해서 알아냈기 때문입니다. 바로 그때 여호와의 영이 삼손에게 갑자기 임했습니다. 삼손이 열 받아서 분을 참지 못하고 있을 때 여호와의 영이 임했습니다. 그래서 그가 아스글론에 내려가서 그곳 사람 30명을 쳐 죽이고 노략하여 수수께끼 푼 자들에게 옷을 주고 아버지 집으로 올라갔다고 기록하고 있습니다.

삿14:19 여호와의 영이 삼손에게 갑자기 임하시매 삼손이 아스글론에 내려가서 그곳 사람 삼십 명을 쳐죽이고 노략하여 수수께끼 푼 자들에게 옷을 주고 심히 노하여 그의 아버지의 집으로 올라갔고

여우 300마리와 기드온의 300용사

얼마 후 삼손이 자기 아내에게 찾아갔습니다. 언제 찾아간 줄 아십니까? 성경은 얼마나 이 사실을 자상하고 구체적으로 기록하고 있는지 모릅니다. 바로 밀 거둘 때에 삼손이 염소 새끼를 가지고 자기 아내에게 갔습니다. 삼손이 아내를 자기 집으로 데려온 것도 아니고 아내를 찾아갔는데 그때가 밀 거둘 때였습니다. 그때 아내에게로 갔더니 세상에 장인 영감이 뭐라고 말했는 줄 아십니까?

"아, 자네가 내 딸을 별로 안 좋아하는 줄 알고 내 딸을 자네 친구에게 줘 버렸네. 미안하지만 그의 동생이 그보다 더 아름답지 않은가. 부탁일세, 내 둘째 딸을 자네에게 줄 테이니 그를 아내로 삼으면 어떻겠는가."

삿 15:1-2 얼마 후 밀 거둘 때에 삼손이 염소 새끼를 가지고 그의 아내에게로 찾아 가서 이르되 내가 방에 들어가 내 아내를 보고자 하노라 하니 장인이 들어오지 못하게 하고 이르되 네가 그를 심히 미워하는 줄 알고 그를 네 친구에게 주었노라 그의 동생이 그보다 더 아름답지 아니하냐 청하노니 너는 그를 대신하여 동생을 아내로 맞이하라 하니

만약에 삼손이 완전히 여자만 좋아한 사람이었다면 장인의 제안을 받아들였을 것입니다. 언니도 가져봤으니 동생도 가져보고 싶지 않았겠습니까? 정말 삼손이 여자만 좋아했던 호색한이었다면 당장 장인의 청을 받아들였을 것입니다. 그러나 삼손은 그렇게 하지 않았습니다. 오히려 대노하였습니다.

"아, 그렇습니까? 당신이 내 허락도 없이 마누라를 내 친구에게 줘 버렸다구요? 그렇다면 내가 블레셋 사람들을 어떻게 해할지라도 내 허물이 없을 것입니다."

삼손은 여우 300마리를 붙잡아서 꼬리와 꼬리를 묶었습니다. 그리고 두 꼬리 사이에 홰를 달아 불을 붙여 150쌍이 블레셋 사람들의 모든 밀밭을 다니게 했습니다. 그러자 블레셋의 모든 밀밭이 몽땅 다 타 버리고 말았습니다. 밀밭뿐만 아니라 포도원과 감람나무까지 다 타 버리고 말았습니다.

삿 15:3-5 삼손이 그들에게 이르되 이번은 내가 블레셋 사람들을 해할지라도 그들에게 대하여 내게 허물이 없을 것이니라 하고 삼손이 가서 여우 삼백 마리를 붙들어서 그 꼬리와 꼬리를 매고 홰를 가지고 그 두 꼬리 사이에 한 홰를 달고 홰에 불을 붙이고 그것을 블레셋 사람들의 곡식 밭으로 몰아 들여서 곡식 단과 아직 베지 아니한 곡식과 포도원과 감람나무들을 사른지라

삼손이 여우 300마리를 통하여 블레셋의 모든 밀밭과 포도원, 감람나무를 불살랐다는 이 이야기를 들을 때 무엇이 떠오릅니까? 당연히 사사기의 내러티브 구조를 알고 있는 사람은 기드온의 300명의 용사가 떠올라야 합니다. 우리가 영화나 TV 드라마를 볼 때 가장 중요한 것이 무엇인지 아십니까? 그것은 이미지를 연결해 가는 것입니다.

만약 여러분이 몇 시간 전에 아주 슬픈 영화를 봤다고 합시다. 사랑하는 남자를 잃은 한 여자가 우산도 없이 주룩주룩 내리는 비를 맞고 걸어가는 장면이 나왔습니다. 그런데 영화를 보고 밖으로 나오니까 진짜 비가 주룩주룩 내리고 있었습니다. 그러면 우리 머릿속에 어떤 상상이 되겠습니까? 당연히 그 영화 장면 속에 나온 비 맞고 걸어가는 여자의 모습이 떠오르지 않겠습니까?

지금 삼손이 똘아이여서 그런 게 아닙니다. 여우 300마리를 통해서 엉뚱한 불장난이나 하는 것처럼 이해해서는 절대로 안 됩니다. 여우 300마리를 통해 블레셋과의 전쟁을 위한 신경전을 벌이고 있는 것입니다.

여호와의 영이 임한 삼손의 무서운 저력

바로 이 신경전을 통해서 블레셋은 난리가 났습니다. 300마리의 여우가 다니면서 블레셋의 곡창지대를 불태워 버렸기 때문입니다. 이에 블레셋 사람들이 삼손의 장인의 집을 다 불살라 버리고 말았습니다. 그러자 삼손이 또 뭐라고 말합니까?

"좋아, 니들이 내 장인의 집을 불살랐으므로 내가 반드시 너희에게 원수를 갚고야 말리라."

그러면서 삼손이 장인의 집을 불질러버린 블레셋 사람들을 정강이와 넓적다리를 쳐서 죽이고 전략적으로 에담 바위 틈에 머물러 숨어 있었습니다.

> 삿 15:7-8 삼손이 그들에게 이르되 너희가 이같이 행하였은즉 내가 너희에게 원수를 갚고야 말리라 하고 블레셋 사람들의 정강이와 넓적다리를 크게 쳐서 죽이고 내려가서 에담 바위 틈에 머물렀더라

만약 삼손이 자기 아내를 뺏긴 것이 섭섭하기만 하고 분통이 터졌다면 장인 집이 불탄 것을 보고 되게 속 시원하게 생각했을 것입니다. '잘해 버렸다, 내 허락도 안 받고 내 마누라를 딴 놈한테 주더니 정말 잘 되어 버렸어.' 그러나 아닙니다. 삼손은 여기서도 어떻게든지 핑계를 대서 노발대발하며 블레셋 사람을 치려고 했습니다. 그럴 때 하나님의 권능의 영이 임하셨습니다. 얼마나 하나님의 영이 강력하게 임하였느냐면, 블레셋 남자들의 정강이와 넓적다리를 부러뜨려서 죽여 버렸습니다. 어떤 면에서 삼손의 힘을 아주 보

란 듯이 과시를 했던 것입니다.

이렇게 삼손은 게릴라전을 통해서 블레셋과 전쟁을 하고 이스라엘을 보호해 주었습니다. 여기까지만 해도 이런 삼손을 하나님은 지지하고 인정해주고 도와 주셨습니다. 지금 삼손은 '거룩-부정결'의 상태에 있지만 아직까지는 하나님을 향한 의협심, 그리고 블레셋을 향한 불타는 분노감을 가지고 있었기 때문이었습니다.

오늘 우리도 삼손의 마음을 가져야 합니다. 하나님을 향한 거룩한 의협심과 거룩한 분노를 품어야 합니다. 오늘날 얼마나 하나님의 교회가 상처를 많이 받고 있습니까? 하나님의 복음이 얼마나 거센 공격을 받고 있습니까? 바로 이럴 때 우리가 이 시대의 삼손이 되어 일어나야 합니다. 이 시대의 언약의 용사가 되어 일어나 전진해야 합니다. 그렇게 일어나 오늘의 교회를 무너뜨리려고 하는 바벨론의 음녀와 싸우고 악한 영과 싸워야 합니다. 이단과 싸우며 어둠의 세력과 싸워야 합니다. 그래서 우리는 이 시대에 진정한 거룩함을 회복하며 교회의 영광성과 거룩성을 회복해야 합니다.

> ♪ 십자가 군병들아 주 위해 일어나
> 기 들고 앞서 나가 담대히 싸우라
> 주께서 승전하고 영광을 얻도록
> 그 군대 거느리사 이기게 하시네
> 십자가 군병들아 주 위해 일어나
> 그 나팔 소리 듣고 곧 나가 싸우라
> 수없는 원수 앞에 주 따라갈 때에
> 주 예수 힘을 주사 강하게 하시네

식민 근성에 빠진 유다 지파의 일그러진 초상

　블레셋 놈들이 이스라엘의 유다 지파를 공격해 옵니다. 무엇 때문에 공격한 건지 아십니까? 삼손을 잡아달라고 공격해 왔습니다. 그러자 유다 사람 3,000명이 삼손이 숨어 있는 에담 바위 틈으로 내려가서 삼손과 거래를 합니다.
　"왜 블레셋을 건드려서 우리를 이렇게 고통스럽게 만드는 것이오. 가만있으면 될 일이지, 블레셋 사람을 괜히 건드려서 우리가 이렇게 손해를 보고 불이익을 당하게 만드는 것이오. 미안하지만 우리가 당신을 결박해서 블레셋 사람의 손에 넘겨주려고 왔소."
　그러자 삼손이 뭐라고 말합니까?
　"여러분이 나만 치지 않겠다고 약속하세요. 그러면 내가 순순히 당신들에게 결박당한 채 블레셋 사람들에게 넘겨지도록 도와주겠소."

　삿 15:11-13 유다 사람 삼천 명이 에담 바위 틈에 내려가서 삼손에게 이르되 너는 블레셋 사람이 우리를 다스리는 줄을 알지 못하느냐 네가 어찌하여 우리에게 이같이 행하였느냐 하니 삼손이 그들에게 이르되 그들이 내게 행한 대로 나도 그들에게 행하였노라 하니라 그들이 삼손에게 이르되 우리가 너를 결박하여 블레셋 사람의 손에 넘겨 주려고 내려왔노라 하니 삼손이 그들에게 이르되 너희가 나를 치지 아니하겠다고 내게 맹세하라 하매 그들이 삼손에게 말하여 이르되 아니라 우리가 다만 너를 단단히 결박하여 그들의 손에 넘겨 줄 뿐이요 우리가 결단코 너를 죽이지 아니하리라 하고 새 밧줄 둘로 결박하고 바위 틈에서 그를 끌어내니라 얼마나 웃기는 이야기입니까? 유다 지파가 어떤 지파입니까? 장차 메시아 예수 그리스도를 배출할 비전과 사명이 있는 지파가 아닙니까? 그렇다면 그들이라도 삼손과 함께 힘을 합하여 블레셋과 싸워야 하지 않겠습니까? 그러나 그들은 블레셋과 싸우기는커녕 식민 근성과 정체성을 가지고 오직 블레셋만 섬기고자 했습니다.

그래서 당시에 사사요, 언약의 용사인 삼손을 꽁꽁 묶어 블레셋에 넘기려고 합니다. 이런 그들의 모습이 얼마나 당시 이스라엘의 일그러져 있는 상태를 반사시켜 준다고 할 수 있겠습니까? 그들은 한마디로 더 이상 언약 백성이 아님을 선언하고 있는 것입니다. 그래서 삼손은 이런 일그러진 정체성을 가진 유다 지파에 의해서 밧줄에 묶여 블레셋 사람들에게 넘겨졌습니다.

그러나 지금 삼손이 왜 이렇게 밧줄에 묶여서 가는 줄 아십니까? 그것은 일부러 블레셋과 기가 막힌 일전을 치르기 위해서였습니다. 자기 혼자 블레셋 놈들을 다 치기 위해서였습니다. 바로 이런 목적을 가지고 밧줄에 꽁꽁 묶여 블레셋 놈들에게 넘겨졌습니다. 그러자 블레셋 놈들이 소리를 지르며 삼손을 죽이겠다고 달려들었습니다.

"오늘 드디어 삼손을 잡아서 죽일 수 있겠구나."

그때 어떻게 되었습니까? 그때도 어김없이 여호와의 권능의 영이 삼손에게 충만하게 임했습니다. 그의 몸을 꽁꽁 묶었던 밧줄이 불탄 삼처럼 다 끊어져 버렸습니다. 그리고 삼손이 당나귀의 뼈 하나를 집어서 순식간에 블레셋 군사 1000명을 쳐 죽여 버리고 말았습니다.

삿 15:14-16 삼손이 레히에 이르매 블레셋 사람들이 그에게로 마주 나가며 소리 지를 때 여호와의 영이 삼손에게 갑자기 임하시매 그의 팔 위의 밧줄이 불탄 삼과 같이 그의 결박되었던 손에서 떨어진지라 삼손이 나귀의 새 턱뼈를 보고 손을 내밀어 집어들고 그것으로 천 명을 죽이고 이르되 나귀의 턱뼈로 한 더미, 두 더미를 쌓았음이여 나귀의 턱뼈로 내가 천 명을 죽였도다 하니라

얼마나 드라마틱합니까? 세상에 여호와의 영이 임하니까 한 사람이 당나귀 턱 뼈로 천 명을 죽였습니다. 칼이나 창을 갖지 않았는데도 말입니다. 세상에 이런 일이 어디 있단 말입니까? 이런 싸움을 어디서 본 적이 있습니까? 아마 삼손은 블레셋 사람 천 명을 죽이면서 하나님의 이름을 부르며 영광의 전사요, 거룩한 전사 되시는 하나님을 노래하며 싸웠을 것입니다.

"우리 하나님이 만군의 여호와시요, 그 만군의 여호와 되시는 하나님이 나와 함께 하시고 권능의 영이 임하셔서 내가 지금 블레셋 놈들을 때려눕히고 있습니다. 그러니 하나님, 나에게 더 힘을 주시고 더 강력한 영으로 함께 하여 주옵소서."

> ♪ 당신은 영광의 전사 당신은 거룩한 전사
> 당신의 승전을 찬양하나이다(×2)
> 오른손으로 적군을 부수시며 왼손으로 승리의 깃발을 펄럭이신
> 하늘과 땅의 모든 거짓 신들을 벌하시고 심판하셨나이다
> 당신은 영광의 전사 당신은 거룩한 전사
> 이제 승리를 내게도 주소서

거룩-부정결의 상태에서 빨리 벗어나지 못한 삼손

삼손이 블레셋 군사들을 천 명을 죽였는데, 이런 통쾌한 기적의 승리를 통해서 블레셋 사람들이 20년 동안 절대로 이스라엘을 쳐들어오지 못했습니다. 바로 이때 삼손이 이스라엘의 사사로 있었기 때문입니다.

> 삿 15:20 블레셋 사람의 때에 삼손이 이스라엘의 사사로 이십 년 동안 지냈더라

제가 왜 지금까지 이렇게 길게 삼손의 이야기를 전개해 온 줄 아십니까? 이때까지만 해도 삼손에게는 하나님을 위한 거룩한 의협심이 있었습니다. 지금까지 많은 이들이 삼손이 블레셋 여자와 좋아했던 자체부터 삼손의 타락이라고 생각하는데 절대로 저는 그렇게 보지 않습니다. 분명히 성경이 말하지 않습니까? 딤나로 가서 블레셋 여인과 결혼하려고 했던 건 블레셋과 싸우기 위함이었고 그 계획조차도 삼손의 아이디어가 아니라 하나님이 주신 영감 때문이었다고 성경이 분명히 못 박고 있지 않습니까?

> 삿 14:4 그때에 블레셋 사람이 이스라엘을 다스린 까닭에 삼손이 틈을 타서 블레셋 사람을 치려 함이었으나 그의 부모는 이 일이 여호와께로부터 나온 것인 줄은 알지 못하였더라

물론 삼손이 죽은 사자의 사체에서 꿀을 먹은 건 잘못한 일입니

다. 이로 인해 삼손이 나실인으로서 부정결해진 것은 사실입니다. 그래서 '거룩-부정결' 한 상태가 된 것은 맞습니다. 그러나 그렇다 하더라도 이때는 하나님을 향한 거룩한 의협심이 있었습니다. 비느하스와 같이 하나님을 향한 거룩한 분노, 그리고 블레셋과 싸우려는 그 거룩한 열정이 있었습니다.

적어도 싸우려는 의지를 잃어버리고 심지어는 유다 지파까지도 블레셋의 식민 근성을 갖고 있을 때에 삼손은 자기 혼자라도 일어나 싸우려고 했습니다. 비록 그 전투의 방법이 게릴라전투의 방법이었다 할지라도 삼손의 머릿속에는 먼저 블레셋을 치려고 하는 의도밖에 없었습니다. 항상 삼손은 머릿속에 어떻게 하면 내가 건수를 잡아서 블레셋을 칠 것인가 하는 생각만 하고 그런 궁리만 하고 있었습니다.

그러니까 이때까지는 '거룩과 부정결'의 상태가 하나님께 묵인이 되고 인정을 받고 있었다는 것입니다. 적어도 하나님이 칭찬해 주시고 또 그걸 합법화했다고 제가 말하기는 곤란할 수 있지만, 그러나 분명한 것은 하나님이 함께하셨고 하나님이 인정하였으며 잠시 묵인해 주셨던 것은 분명하다는 사실입니다. 그러므로 이때 삼손은 자신의 부정결함을 빨리 정결 상태로 회복해야 했습니다. 빨리 정결을 회복하고 거룩의 영성을 소유해야 했습니다. 그리고 순수한 나실인으로 돌아가야 했습니다. 다시 말하면 '거룩-정결'의 상태를 소유해야 했습니다.

그러나 삼손은 그런 상태를 너무 오래까지 지속했습니다. 바로 여기에 문제가 있었습니다. '거룩-부정결'은 비록 하나님이 합법적으로 인정하시고 묵인하시며 아니, 한순간 기뻐하신다 하더라도 그것이 절대로 오래가서는 안 됩니다. 그것은 어디까지나 임시적이고 특수한 경우입니다. 그 특수한 경우가 계속해서 오래 지속되고 연장이 되어서는 안 됩니다. 하나님의 사람이라면 빨리 부정결을 씻어 버리고 정결 상태로 돌아와야 합니다. 그래서 거룩한 영성을 회복해야 합니다. 다시 말하면 '거룩-정결'의 상태로 회복되어야 합니다. 그러나 삼손은 그 상태로 계속 있었습니다.

기생집에 들어간 삼손

어느 날 삼손은 블레셋의 한 기생집으로 들어갔습니다. 블레셋 사람들이 이를 알고 기생집을 에워싸고는 삼손을 죽이려 했습니다. 삼손이 제아무리 힘이 세고 권능이 충만하다 하더라도 초저녁부터 새벽까지 기생에게 계속 힘을 쏟으면 힘이 다 빠질 것이라고 생각했던 것 같습니다. 바로 그때 새벽녘에 삼손을 기습 공격해서 죽이려고 했던 것입니다. 그러나 중요한 것은 삼손이 블레셋 사람들의 계획을 알고 있었다는 것입니다. 그래서 삼손이 한밤중까지 누워 있다가 밤중에 다시 일어났습니다. 일어나서 성 문짝과 문설주와 빗장을 떼어 내어 산으로 올라갑니다.

> 삿 16:1-3 삼손이 가사에 가서 거기서 한 기생을 보고 그에게로 들어갔더니 가사 사람들에게 삼손이 왔다고 알려지매 그들이 곧 그를 에워싸고 밤새도록 성문에 매복하고 밤새도록 조용히 하며 이르기를 새벽이 되거든 그를 죽이리라 하였더라 삼손이 밤중까지 누워 있다가 그 밤중에 일어나 성 문짝들과 두 문설주와 문빗장을 빼어 가지고 그것을

모두 어깨에 메고 헤브론 앞산 꼭대기로 가니라

당시 블레셋 가사의 성문은 어마어마하게 컸답니다. 그리고 그 성문은 두 개, 세 개의 관문으로 이어져 있었습니다. 그런데 삼손이 그 거대한 문짝을 혼자 들고 갔다는 것은 괴력 그 자체를 보여 주는 것이 아니겠습니까? 그것도 가사에서 헤브론 앞산까지는 수십 마일이 되었는데 말입니다. 그걸 혼자서 메고 갔습니다. 무슨 말입니까? 그때에도 하나님의 권능의 영이 삼손과 함께했다는 것입니다.

사사기는 왜 이런 이야기를 간단하게 삽입을 해 놓았을까요? 성경은 정확하게 말하지는 않지만, 이런 모습을 통해서 삼손은 블레셋 사람들을 향하여 무언의 행진을 하고 있는 것처럼 보입니다. 제 눈에는 그렇게 보입니다.

"야, 이놈들아, 너네들 어디 덤빌 테면 덤벼봐. 내가 이래봬도 당나귀 턱뼈 하나 가지고 천 명을 때려눕힌 사람이야. 너희들 또다시 나에게 도전을 했다가는 내가 삼천 명이건, 오천 명이건 다 작살낼 수 있어. 이놈들아, 나는 이 문짝 한 번만 휘두르면 너희들 한꺼번에 수백 명이 날아가 죽을 수도 있어. 그러니까 이놈들아 이스라엘을 한순간이라도 넘봤다가는 너희들 개작살나는 수가 있어."

말은 안 하지만 삼손이 이런 무언의 시위를 하는 모습을 보여주고 있는 것입니다. 이런 무서운 괴력을 목격한 블레셋 사람들이 간이 콩알만해져서 당장 도망가 버리고 말았습니다.

"당나귀 턱뼈 하나 가지고도 천 명을 죽였는데 그냥 저 문짝을 던지면서 우리를 죽이려고 한다면 아마 한꺼번에 수백 명씩 나자

빠져 죽을 것이 아니냐."

그래서 그들은 한 놈도 남김없이 "걸음아, 나 살려라" 하고 도망가 버리고 말았습니다. 아직까지 삼손에게 블레셋을 향한 전쟁의 의지가 있었고 또 하나님을 위한 거룩한 의협심과 분노가 있었다는 증거입니다. 다만, 삼손이 기생집에 들어간 것은 별로 덕스럽지는 않은 것 같습니다. 물론 삼손이 기생집에 들어가서 기생과 잠을 잤는지 안 잤는지 그건 누구도 모릅니다. 저도 잘 모르겠습니다.

그리고 왜 기생집에 갔을까 하는 의구심도 생긴 것은 사실입니다. 그러나 중요한 것은 이 모든 상황에도 불구하고 삼손은 아직 하나님의 언약을 배신하지 않았거나, 하나님을 향한 거룩한 분노와 의협심이 있었다는 것은 분명한 사실입니다. 그러므로 이때라도 삼손은 자신이 입고 있는 부정결을 제거해 버려야 합니다. 부정결을 정결의 상태로 회복하고 그리고 거룩한 영성을 소유해야 합니다. 다시 말하면 '거룩-정결'의 상태를 회복해야 했단 말입니다.

삼손과 들릴라의 만남, 비극의 검은 그림자

삼손은 계속해서 그런 거룩과 부정결의 상태를 유지하고 있다가 훗날 운명적인 한 여자를 만나게 됩니다. 그 여자가 누굽니까? 우리가 잘 아는 들릴라라고 하는 여자입니다. 이 여자는 어떤 여자입니까? 블레셋 여자 가운데 가장 아름다운 여자였습니다. 이 아름다운 여자가 삼손을 무너뜨리려고 작심을 하고 접근했습니다. 한 마디로 이 여자는 블레셋 군사들의 청부 살인녀라고 말할 수 있습니다.

블레셋 사람의 방백들이 들릴라를 미인계로 쓴 것입니다. 삼손의 그 엄청난 괴력이 어디서 나오는가, 그것을 알아내라고 하는 겁니다. 그러면 은 천백 개씩 주겠다면서 말입니다. 그래서 들릴라가 삼손에게 접근했습니다. 그런데 삼손은 그것도 모르고 들릴라라는 여인을 사랑하기 시작했습니다.

> 삿 16:4 이 후에 삼손이 소렉 골짜기의 들릴라라 이름하는 여인을 사랑하매

삼손이 들릴라를 사랑했다고 할 때 히브리어로 어떤 단어를 쓴 줄 아십니까? '아하브' 입니다. 삼손이 들릴라를 감정적으로 사랑했다는 말입니다. 진짜 마음을 열고 진정성을 가지고 사랑을 했다는 말입니다. 삼손이 앞서 만났던 두 여자에게는 전혀 감정 표현이 없었습니다. 그냥 블레셋과의 전쟁을 하기 위해서 여자들에게 접근했던 것뿐입니다. 그러나 들릴라와는 블레셋과 전쟁을 하기 위한 관계가 아니라 사랑하는 관계로 가까워지기 시작했습니다. 진짜 들릴라와는 로맨틱한 감정을 가지고 그녀를 진심으로 사랑하게 되었단 말입니다.

삼손은 번민하고 방황했습니다. 왜냐하면 낮이고 밤이고 들릴라가 삼손의 그 힘의 괴력이 어디서 나오는가 하는 비밀을 자꾸 추궁해 대는 것이 아닙니까? 그러면 삼손은 그때라도 자리를 박차고 일어났어야 할 것이 아닙니까?

"내가 누군데, 나는 나실인이야. 나는 이스라엘의 거룩한 사사야. 나는 이스라엘 백성들을 지키고 보호할 사명이 있어. 그 사명

은 나의 생명이고 나의 눈물이며 그 사명이 나의 은혜이고 나의 축복이 아니란 말인가."

그러면서 당장 들릴라의 품에서 뛰쳐나와야 합니다. 그러나 삼손은 들릴라의 무릎을 베고 누워서 여전히 들릴라와의 달콤한 사랑에 빠져 있습니다.

오늘 우리에게 이런 들릴라는 없습니까? 우리의 영적인 들릴라는 무엇입니까? 들릴라라고 해서 꼭 음녀만을 말하는 것이 아닙니다. 우리의 거룩함과 정결함을 방해하는 것은 다 영적인 들릴라입니다. 정결한 영성을 오염시키고 거룩한 삶을 부패하게 하는 모든 것을 다 영적인 들릴라라고 말할 수 있습니다. 그러므로 이런 들릴라의 더러운 치마폭을 걷어차 버려야 합니다. 우리의 거룩한 영성과 삶을 위하여 그리고 거룩한 사명을 위하여 주님 품으로 나와야 합니다. 거룩한 은혜의 자리, 사명의 자리로 나와야 합니다.

> ♪ 사명이 생명이기에 사명이 눈물이기에
> 힘들고 어려워도 사명의 길을 걸어가리라
> 사명이 은혜이기에 사명이 축복이기에
> 외롭고 고독해도 사명의 노래를 부르리라

삼손, 들릴라에게 비밀을 고백하다

삼손은 번뇌하고 방황하며 걱정하고 고민에 고민을 하다가 결국 자신의 비밀을 말해 버리고 맙니다. 하나님을 위한 로맨티스트였던 삼손은 결국 들릴라를 향한 진짜 사랑의 로맨티스트가 되어서 하나님의 사명자요, 나실인이요, 사사의 사명을 버리고 들릴라와의 사랑의 종이 되는 것을 선택해 버리고 말았습니다. 마침내 삼손이 자신의 진심을 드러내며 여자에게 말합니다.

"사랑하는 나의 들릴라여, 내가 이제 그대에게 내 진심을 말해 주겠소. 나의 괴력과 권능의 힘은 사실은 삭도를 대지 않는 나의 머리털에 있다오. 나는 어릴 때부터 나실인으로 자랐는데 내 머리에 삭도를 대면 나의 힘은 저절로 빠져 나가 버리고 만다오."

삿 16:17 삼손이 진심을 드러내어 그에게 이르되 내 머리 위에는 삭도를 대지 아니하였나니 이는 내가 모태에서부터 하나님의 나실인이 되었음이라 만일 내 머리가 밀리면 내 힘이 내게서 떠나고 나는 약해져서 다른 사람과 같으리라 하니라

이런 바보가 어디 있습니까? 이 말을 들릴라에게 한 것은 스스로 하나님의 언약을 배신하는 행위였습니다. 자기 스스로 하나님 앞에 거룩한 나실인이기를 포기한 고백이었습니다. 하나님의 절대 주권과 오직 하나님의 영광을 위해 사는 주영신앙 자체를 포기하는 고백이었습니다. 스스로 사명을 버리고 이스라엘의 사사이기를 포기하는 고백이었습니다. 그래서 그의 고백과 소원대로 그는 마침내 나실인으로서 길었던 머리카락이 잘려져 버리고 말았습니다. 그리고 블레셋 군사들에게 잡혀 두 눈이 뽑혀 버리고 말았습니다. 두 눈이 뽑힌 채 피눈물을 흘리며 맷돌이나 가는 신세가 되어버리고 말았습니다.

> 삿 16:21 블레셋 사람들이 그를 붙잡아 그의 눈을 빼고 끌고 가사에 내려가 놋 줄로 매고 그에게 옥에서 맷돌을 돌리게 하였더라

세상에 날 때부터 나실인이었던 그가 두 눈이 뽑힌 채 블레셋에 잡혀가 맷돌이나 갈고 있다니 말이나 됩니까? 이스라엘의 거룩한 사사가 두 눈이 뽑히며 피눈물을 흘린 채 맷돌이나 갈고 있으니 얼마나 비참한 모습입니까? 정결의 영성을 잃어버리고 거룩의 능력을 잃어버렸을 때 그는 처참한 신세가 되어 버리고 말았습니다.

삼손에게 정결한 삶과 거룩의 영성이 그토록 중요한 것처럼 오늘 우리도 정결을 잃어버리면 모든 것을 잃어버립니다. 거룩을 잃어버리면 한순간에 모든 것을 빼앗겨 버립니다. 행여나 영적으로 삼손과 같은 분 안 계십니까? 스스로 생명나무 신앙과 주영신앙을 포기하지는 않았습니까? 그 거룩한 영성과 삶을 포기하고 들릴라와 놀아나다가 행여나 나의 영적인 머리가 잘리고 두 눈이 뽑혀 있지는 않습니까?

우리에게 정결보다 중요한 것이 없습니다. 거룩한 영성과 삶보다 중요한 것이 없습니다. 삼손이 '거룩-부정결' 일 때 그 부정결의 상태를 정결한 상태로 회복시켰으면 얼마나 좋았겠습니까? 그러나 삼손은 '거룩-부정결' 을 점점 '세속-부정결' 의 상태로 전락시켜가고 있었습니다. 그러다가 머리카락이 잘리고 두 눈이 뽑히게 된 것입니다.

나실인 삼손의 피눈물 나는 마지막 기도

시간이 흐르면서 삼손의 머리카락이 조금씩 조금씩 자랐습니다. 그리고 삼손은 피눈물을 흘리며 하나님께 회개하고 참회를 했을 것입니다. 그런 그에게 마지막 기회가 왔습니다. 블레셋 사람들의 주신인 다곤 신전에서 축제를 하고 있을 때 삼손을 불러다가 광대놀이를 시켰습니다. 그때 삼손은 마지막으로 심장을 불태웠습니다. 거룩한 의협심과 분노로 그의 가슴을 불태웠습니다. 그는 하나님께 피를 토하는 심정으로 이렇게 기도합니다.

"하나님, 마지막 한 번만 저에게 기회를 주십시오. 마지막으로 한 번만 저에게 힘을 주십시오. 하나님이 저에게 힘을 주시면 이 다곤 신전을 제가 무너뜨려 버리겠습니다. 그래서 제 두 눈을 뽑은 블레셋 사람들에게 원수를 갚고 싶습니다. 다시 한 번 여호와의 영광을 이 땅에 나타내고 싶습니다. 그러니 이번 한 번만 저를 생각하옵소서. 이번 한 번만 저에게 기회를 주옵소서."

삿 16:28 삼손이 여호와께 부르짖어 이르되 주 여호와여 구하옵나니 나를 생각하옵소서 하나님이여 구하옵나니 이번만 나를 강하게 하사 나의 두 눈을 뺀 블레셋 사람에게 원수를 단번에 갚게 하옵소서 하고

이에 하나님께서 삼손의 기도를 들으시고 마지막으로 삼손에게 힘을 주셨습니다. 삼손은 다곤 신전을 무너뜨렸고 그 안에 있는 삼천 명의 블레셋 사람들을 다 죽였습니다. 그것도 블레셋의 평민들이 아니라 고관대작들을 다 죽여 버리고 말았습니다. 아마 삼손은

다곤 신전을 무너뜨리기 위하여 두 기둥을 붙잡았을 때 하나님께 이런 고백을 했을 것입니다.

"하나님, 그렇습니다. 거룩이 나의 생명이고 정결이 나의 능력이었는데 그걸 이제야 깨닫게 되었습니다. 들릴라의 품에 누웠을 때라도 거룩이 나의 능력이고 생명이고 능력이고 재산인 줄로 깨닫기만 했더라면 이러지는 않았을 텐데……그러나 마지막에라도 깨닫게 해 주셔서 감사합니다. 하나님, 저는 죽지만 저의 이야기를 통해서 오고 오는 수많은 후세의 언약 백성들이 거룩이 능력이고 생명이며 재산임을 깨닫게 하옵소서. 저의 이 눈물겨운 이야기를 통해서 후세대의 수많은 언약 백성들이 거룩을 생명으로 알게 하옵소서. 정결을 자신의 능력으로 알게 하옵소서. 거룩을 잃어버리면 모든 걸 잃어버린다고 자각하게 하시옵소서."

그러면서 삼손도 자신의 마지막 생을 마감하였습니다. 삼손을 통하여 거룩과 정결이 얼마나 중요한 사실인가를 깨달았습니까? 그렇다면 다시 거룩의 능력을 회복해야 합니다. 거룩한 영성을 회복해야 합니다. 거룩한 삶을 살겠다고 고백하고 결단하며 살아야 합니다. 정결을 넘어 거룩으로 나아가야 합니다.

이 시대는 바벨론의 음녀가 주는 금잔에 취하여 영적으로 혼탁해져 버렸습니다. 하나님의 거룩한 백성들마저 탐욕과 욕망의 노예가 되어 서로 분열하고 싸우고 있습니다. 아니 주의 종들마저도 정결과 거룩을 잃어버리고 쓰러져 가고 있습니다.

이러한 때, 우리는 먼저 정결부터 회복해야 합니다. 그러나 정결에만 안주하면 안 됩니다. 그 정결한 삶을 산 제물로 하나님의 제단에 드려야 합니다. 그럴 때 우리는 거룩한 삶으로 승화되고 더 큰 영적 영향력을 발휘할 수 있습니다.

이제 정결을 넘어 거룩한 성도가 됩시다. 정결을 넘어 거룩한 교회가 됩시다. 하나님 앞에 흠 없는 순결한 신부가 되어 순백의 영혼을 바칩시다. 그럴 때 우리의 삶과 교회가 주의 제단에 아름다운 한 송이 꽃으로 피어나 거룩한 영성의 향기를 발할 수 있습니다. 찬란한 영광의 그날이 이를 때까지 한 걸음, 한 걸음 나아갑시다. 정결을 넘어 거룩으로!

거룩의 재발견

1판 1쇄 인쇄 _ 2014년 10월 30일
1판 7쇄 발행 _ 2016년 6월 10일

지은이 _ 소강석
펴낸이 _ 이형규
펴낸곳 _ 쿰란출판사

주소 _ 서울특별시 종로구 이화장길 6
편집부 _ 745-1007, 745-1301~2, 747-1212, 743-1300
영업부 _ 747-1004, FAX 745-8490
본사평생전화번호 _ 0502-756-1004
홈페이지 _ http://www.qumran.co.kr
E-mail _ qrbooks@gmail.com / qrbooks@daum.net
한글인터넷주소 _ 쿰란, 쿰란출판사
등록 _ 제1-670호(1988.2.27)
책임교열 _ 송은주 · 김유미

ⓒ 소강석 2016 ISBN 978-89-6562-686-2 03230

책값은 뒤표지에 있습니다.
이 출판물은 저작권법에 의해 보호를 받는 저작물이므로 무단 복제할 수 없습니다.
파본(破本)은 구입처에서 교환해 드립니다.